Decretos de amor para una pareja extraordinaria

Hoy puedes vivir un nuevo amor, sin cambiar de pareja

Milena Imwinkelried

Copyright © 2022 Milena Imwinkelried
© Diseño de portada, 2022, de María Fernanda Rojas
© Fotografía, 2022, de Maia G.

Todos los derechos reservados

ISBN 9798986918402

Esta publicación presenta opiniones o ideas del autor fundadas en su propia experiencia e investigación bibliográfica; su intención es ofrecer material informativo y/o educativo sobre el tema tratado. La comercialización de esta publicación se realiza sin pretensión alguna de prestar asesoría o servicios profesionales de ningún tipo.

Este libro no podrá ser reproducido, total o parcialmente, y por ningún medio mecánico y/o electrónico, sin la previa autorización escrita de la autora.

«No puedes volver atrás y cambiar el principio,
pero puedes comenzar donde estás
y cambiar el final».
C.S. Lewis

Dale la bienvenida a un nuevo amor y aprende las claves para vivir feliz con tu pareja.

Agradecimientos

Agradezco a las personas que, hasta hoy, han estudiado, investigado, y dedicado su tiempo para ayudar a comprender el comportamiento humano y las relaciones de pareja. Sin duda, han nutrido mi experiencia personal de relación y la escritura de este libro.

A Dios por su presencia infinita en cada detalle de mi vida.

A Franco, mi amado esposo, por tu paciencia, generosidad y amor diario, expresado de muchas maneras.

A Valentín, Patricio, Bautista y Camilo, mis amados hijos y maestros perfectos, bendicen mi vida con su existencia.

A mi abuela Inés que, con sus 95 años, me enseñó del amor en todas sus formas.

A mis amados padres, por mi vida y la de mis queridos hermanos, con quienes aprendí las primeras lecciones sobre el amor, la amistad y el entendimiento.

A Agostina, por amar a tu pareja.

A mi mentor Lain, por inspirarme desde su *imparabilidad*.

María Angélica Tulliani, editora de este libro, por su profesionalismo, sus aportes y sugerencias útiles.

A todos los que hicieron posible que este libro vea la luz.

A ti, amada lectora, este es el lugar de tu nombre, por confiar en tu poder personal para ser y crear un vínculo extraordinario con tu pareja.

Has bendecido mi vida, deseo hacer lo mismo con la tuya.

Prólogo

El AMOR es la fuerza cohesiva que une todo en el Universo. Absolutamente *todo*.

Hay muchos tipos de *Amor*, pero el de pareja, concretamente ese, es una de las asignaturas pendientes para el 99,9% de las personas en el planeta.

Las relaciones son el mejor lugar para crecer como persona y, lejos de ser un lugar para tomar, son un lugar para Dar. Las relaciones son un acto de generosidad brutal.

Mientras todo el mundo busca la superficialidad en las relaciones, aquellos que busquen la profundidad encontrarán un tesoro que está al alcance de serlo para quienes que tengan el coraje de adentrarse en las entrañas del verdadero amor.

Nada ocurre por casualidad, sino por *causalidad*, por sincronicidad, por PRINCIPIO de causa y efecto. Todo tiene un PROPÓSITO. Si tienes este libro en tus manos, significa que contiene algo importante para ti.

Gracias Milena por escribirlo y a ti, querido lector, por leerlo.

Te quiero mucho.

Lain, autor de la Saga *LA VOZ DE TU ALMA*

Contenido

I. Conecto contigo 11
    Capítulo 1. Te amo: el lado químico del amor............................. 36
    Capítulo 2. Expando mi amor: las creencias, usos y costumbres .. 37
    Capítulo 3. Comprendo: la letra pequeña del amor de pareja ... 85
    Capítulo 4. Me amo: y así te quiero mejor 103
II. Me desconecto de ti y de mí 117
    Capítulo 5. Sufro el desamor: expectativas versus realidad 119
    Capítulo 6. Me distraigo para amar: el miedo y sus trampas 129
    Capítulo 7. Me alejo del amor: el ego y sus disfraces 145
    Capítulo 8. Me desconecto del presente: «*si yo hubiese o mi pareja debería*» 175
III. Conecto conmigo, contigo y con nosotros 185
    Capítulo 9. Te amo: el lado consciente del amor....................... 187
    Capítulo 10. Sano para amar o amo para sanar: te miro con el corazón y nos bendigo... 201
    Capítulo 11. Manifiesto mi amor: la práctica hace al maestro ... 215
    Capítulo 12. Soy, sos, somos amor: cuando la relación nos transforma 259
    Capítulo 13. Amo viajar juntos: el viaje de la vida 281
    Compartiendo bendiciones 299
    ACERCA DE LA AUTORA 303

I. Conecto contigo

La conexión inicial es siempre pura química.
Detrás de ella viene el conocimiento,
la comprensión y la voluntad.
El enamoramiento se siente, el amor se aprende.

En este precioso instante, en cada rincón del planeta, hay alguien enamorándose a primera vista, mientras alguien más se une en matrimonio.

En este precioso instante, hay un alguien sufriendo por desamor, y otro alguien abrazando con pasión, aunque también alguien entre rezos y lágrimas, despidiendo al ser amado.

En este precioso instante, alguien está volviendo a empezar, dándose nuevas oportunidades y otro alguien poniéndole punto final a su relación de pareja.

En este precioso instante, alguien está creyendo que es posible tener una nueva relación, sin cambiar de pareja. Confío en que tú puedes ser ese alguien.

Te aliento a que seas una de esas personas que, aún con dudas, te encuentres en estas páginas, y renueves tus motivos para dar, para amar, para confiar y creer que puedes lograrlo. Y si en este precioso instante, vas a enamorarte de una única posibilidad, que sea de esta idea: la de creer que tu pareja actual merece la oportunidad de un nuevo comienzo, de forjar un vínculo amoroso, saludable y extraordinario.

Escucho historias de ruptura que no me consuelan.

Leo historias de desamor que no me desalientan.

Veo historias de dolor que no me acobardan.

Es que creo fervientemente en el amor, pero no en un tipo de amor descartable y a la medida de mi ego.

Bastante de cielo y un poco más de infierno, eso ha tenido mi relación de pareja.

Hace 27 años, mi esposo y yo dimos el sí para toda la vida. Lo que nunca imaginé es que esta unión atravesaría tantos desafíos y demandaría tanto amor. Si al menos hubiera recibido un manual de instrucciones...

Seguro mi historia es una más entre muchas otras. Y hoy, con más claridad, me pregunto cómo es esto de que, para ser médico, doctor, contador, maestro, deportista, te entrenas, te preparas y luego haces un juramento —asumes tus compromisos con la profesión—. En una relación de pareja, —unión de hecho, civil o matrimonio— nada de esto sucede. Asumimos un compromiso y aun tratándose de algo tan complejo como son las relaciones afectivas, no nos preparamos para crear relaciones que funcionen.

Deseo que este libro —ya sea que vivas en pareja o estés por elegirla— te inspire y te dé un mejor entendimiento de los vínculos afectivos, para crear hábitos que renueven tu relación. Que puedas perderte y encontrarte en estas páginas; renovar tus votos de confianza, amor, respeto, pasión y compasión; encontrar preguntas y descubrir tus propias respuestas para un nuevo vínculo con tu par.

Que aceptes que podemos cambiar el mundo, si empezamos con amor y responsabilidad por cambiar nuestro mundo: nuestro mundo interno e individual, la relación con nuestra pareja, la relación con nuestra familia.

Pertenezco a la generación que se pregunta por el sentido de las cosas —nací en los '70—. El sentido de la vida, de lo que hacemos o dejamos de hacer, de las relaciones, de la vida en pareja.
Pude ver a la a mis padres y abuelos hacerse preguntas diferentes sobre la vida. Sin importar la calidad del amor y el tipo de vínculo que tuvieran, la

consigna siempre fue clara: *unidos hasta que la muerte nos separe*. No se atrevieron a cuestionar ese acuerdo, quizás nunca se preguntaron por el sentido y alcance de semejante promesa. Habían decidido unirse en matrimonio, y de ninguna manera el hombre podría separar lo que Dios había unido.

Mis padres aún permanecen juntos —han estado casados por más de 50 años—. Recuerdo haberle preguntado a mi madre, alguna vez, cómo se las habían arreglado para estar juntos por tantos años. Ella me contestó: «Nacimos en una época en la que si algo se rompía se arreglaba, no se tiraba a la basura». En el mundo actual todo es reemplazable

Esa es parte de mi herencia parental, a partir de ella se conformó mi primera identidad de las relaciones de pareja: aquellas que aguantan, que soportan, que no se preguntan, que resisten, que comprenden que esos son los términos del amor y el compromiso.

> *A veces sentimos que lo que hacemos es tan sólo una gota en el mar, pero el mar sería menos si le faltara esa gota.*
> *- Madre Teresa de Calcuta -*

No escuché a mis padres ni a mis abuelos hacerse muchas preguntas sobre el amor y las relaciones. No tenían las mismas inquietudes que nosotros —los adultos de mi generación— sobre estos temas.

Con su matrimonio, ambas generaciones, consumaron todo lo que necesitaban de su pareja. Confiaban en que era la mejor opción para lograr una economía estable o, por lo menos, para asegurar la subsistencia y formar una familia —con roles definidos, el hombre trabajando fuera del hogar y la mujer ocupada en la crianza de los hijos—.

Seguramente se hacían otras preguntas. Las incómodas como «¿me amás?», «¿te sientes a gusto en esta relación?», «¿crees que podríamos mejorarla?», «¿te parece que en la intimidad vamos bien?», «¿tiene sentido tener una familia?», «¿somos felices en esta pareja?», no existían en sus conversaciones.

Se daba por sentado el amor y, ser buen esposo o esposa, era cumplir con las necesidades básicas de la familia.

Tanto en la generación de mis padres como en la de mis abuelos, los hijos, desde muy pequeños aportaban colaboración en las tareas del hogar y asumían responsabilidades entre los hermanos o, incluso, trabajaban fuera de la casa para hacer su aporte a la economía familiar.

No se preguntaban por el amor, el desarrollo personal, la felicidad, la autorrealización, los propósitos de vida, la insatisfacción, los temores.

Y si lo hacían, las respuestas eran simples: «*si cumple con el pacto de sostener el hogar, me ama*».

La vida se regía por atender las necesidades más básicas como procurarse alimento, *un techo* y un trabajo con el cual sostener la vida de la familia.

Sabían que amaban cuando había un plato de comida casera en la mesa, una mujer lavando la ropa de todos y un hombre saliendo a *ganarse el pan*. Eso era en lo que el entorno y la tradición cultural les había transmitido, por lo tanto, lo que creían. Y con ese tipo de amor bastaba.

Así entendían el matrimonio, la familia, la fidelidad y el compromiso. Esa era su alianza y su mejor forma de amar.

En cambio, personalmente, pertenezco a una generación con otras inquietudes. Hoy en día las parejas tenemos otras conversaciones.

Ya no alcanza con que el otro cumpla con estos compromisos. Hay otros mandatos implícitos: *«no vamos a esperar a la muerte si la relación no funciona; porque eso sería morir en la relación»*.

Tengo esa edad en la que acostumbramos a revisar, buscar ayuda, aguantar también, pero si no funciona desarmamos, rompemos el vínculo.

Le pedimos a nuestra pareja muchas cosas. Que se ocupe de la subsistencia pero que, además, como dice *Esther Perel*[1], *«que sea compañero, comprensivo, buen amante, buen padre, y con una gran capacidad para el entendimiento mutuo»*.

Hoy nos cuestionamos respecto de la felicidad, la intensión y el desafío de ser mejores personas dentro de la relación: *«¿Soy feliz en esta relación?»*; *«¿Me siento escuchada, res-petada y amada como merezco?»*; *«¿Eres un buen padre para mis hijos?»*; *«¿Qué tipo de intimidad tenemos: buena, regular o mala?»*; *«¿Confío en ti hasta para compartirte mis temores y secretos más angustiosos?»*...

Buscamos personas que cumplan nuestras expectativas —que son grandes— y nos hagan más felices. Nos preguntamos cómo tener una mejor pareja, en lugar de cómo ser una mejor persona para ella. Esto es así, hasta tal punto que, habiendo puesto el tema de nuestra felicidad en la mesa de discusión, ponemos esta carta en manos ajenas, pretendiendo que los otros van a hacernos necesariamente felices.

En el fondo, mis abuelos y padres tenían desafíos parecidos a los nuestros, —cubrir sus necesidades básicas y para ello nada como elegir una pareja—, pero también tenían una comprensión y expec-

---

[1] **Nota de la autora:** Esther Perel (Amberes, Bélgica, 1958) Psicoterapeuta y escritora, notable por explorar la tensión entre la necesidad de seguridad y la necesidad de libertad en las relaciones humanas. Es autora de *Mating in Captivity: Unlocking Erotic Intelligence* (2006) y *The State of Affairs: Rethinking Infidelity* (2017) entre otros.

tativas diferentes respecto de lo básico o mínimo que se puede exigir a una relación.

Observo atentamente a las generaciones más jóvenes y sigo aprendiendo. Viven el compromiso de una manera completamente diferente. Se comprometen a estar juntos mientras funcione; cuando ya no lo hace, van por nuevas relaciones. Así lo entienden, lo viven y a eso se comprometen.

Entiendo que pasamos en menos de cien años, de concebir a la relación como una atadura, como una alianza indestructible que solo puede separar Dios, a las relaciones prácticamente de descarte, mientras funcione —como si eso dependiera de las circunstancias y no de las decisiones que tomamos—, efímeras, *light*, que se pueden comenzar y terminar en un abrir y cerrar de ojos.

Bendigo a la generación que me precede por su sabiduría de vida. Aprendo y desaprendo con la mía, empeñada en buscar y encontrar el sentido primero y último de las relaciones de pareja. Observo con detenimiento y amorosamente a las nuevas que, a la vez, nos observan, nos creen, se inspiran o desalientan por nuestros aciertos y errores.

En este escenario, como decididos espectadores, están nuestros hijos, que nos ven insatisfechos, enojados y, muchas veces, desorientados en nuestras propias relaciones de pareja.

Sin embargo, pienso que podríamos ser un verdadero faro en sus vidas, mostrándoles maneras más saludables y efectivas de relacionarnos. Que nos vean ejercitar la paciencia, responder con amabilidad, que aprendan que resolver los problemas con el par es cuestión de decisión y voluntad. Que hablamos con la verdad y sin rencores. Que nos mantenemos firmes en nuestra decisión de amar y que los hogares son un destino feliz y seguro para toda la familia. Que pueden ser mejores personas compartiendo su vida en pareja, si así lo eligen.

Y me sigo preguntando. Y sigo buscando respuestas para lograr un mejor entendimiento que se traduzca en vínculos más sanos, efectivos, amorosos y duraderos.

No sé a qué generación perteneces y poco importa si tienes este libro entre tus manos. Me animo a decir que buscas también respuestas y no de cualquier tipo.

En este punto, podría confesarte que he descubierto que cualquiera puede tener una relación de pareja; una que funcione con el mínimo requerimiento de supervivencia, la puede tener cualquiera. Pero eso dista mucho de creer y crear un vínculo maravilloso: construir una relación extraordinaria con la pareja que elegiste requiere, sobre todo, de un nuevo entendimiento y de otro tipo de hábitos.

El propósito de este libro es simple: necesitamos crear relaciones más prósperas y abundantes. Y para ello es conveniente seguir buscando respuestas a lo que forma parte, sin duda, de una de las mejores experiencias en esta vida: *vivir el amor y, en este caso, de la mano de tu pareja.*

Por un mundo de relaciones extraordinarias.

Por un mundo de parejas extraordinarias.

Porque sea para ti posible vivir un nuevo amor, sin cambiar de pareja.

Estoy contigo. Con todo mi amor.

Capítulo 1. Te amo: el lado químico del amor

*El amor a primera vista es fácil de entender,
el milagro es que dos personas se miren
con amor como el primer día durante
el resto de sus vidas.*
-Anónimo-

En los inicios de una relación de pareja, *el amor es pura química*. ¿Alguna vez te has sentido conectado con una persona de una forma que ni tú misma puedes explicar? Como cuando dices: «Te amo, ahora sí encontré al amor de mi vida»; «Me enamoré, no me lo puedo quitar de la cabeza»; «Tenemos los mismos gustos, coincidimos en todo»; «Fue amor a primera vista…».

Si has estado en ese lugar, quizás te parezca poca cosa reducir nuestros sentimientos al proceso químico del enamoramiento; sin embargo, la química del amor nos introduce en un universo de reacciones eléctricas e impulsos nerviosos capaces de hacernos sentir emociones extremadamente intensas.

Es importante entender cómo se siente este amor y, sobre todo, para saber qué hacer cuando esa química explosiva desaparece. La ciencia se ha ocupado de comprender los orígenes y cambios químicos que acompañan esta tormenta de emociones. Así, podemos decir que estamos enamorados y sentir cómo sube nuestra energía, excitación y felicidad.

Todo esto, tiene nombre y apellido para quienes intentan traducirlo a porcentajes y estadísticas: *cambios neuroquímicos*. Sube la *dopamina* —también llamada droga del amor— que es la responsable de que sintamos placer y euforia de estar con la persona amada.

Se incrementan los niveles de *adrenalina*, la responsable de que nuestro corazón pueda latir más rápido cuando nos enamoramos, o nos suba la presión o nos suden las palmas de las manos y nos ruboricemos. Es la misma responsable de hacernos desactivar las sensaciones de hambre y sueño. Perdemos apetito y pasamos noches de desvelo con una sola cosa en la cabeza: volver a estar con la persona amada.

«No puedo concentrarme en el estudio, no dejo de pensar en él», me decía la hija de mi amiga, con tal sólo veinticuatro años. Su madre agregaba: *«Está embobada, con la mirada perdida y esa cabecita loca pensando 24/7 en el pibe que conoció en la*

Universidad». Es que la muchacha se ha enamorado y todos estos cambios químicos se han puesto en marcha. Algo similar nos sucede cuando conocemos a alguien y empezamos una relación: estas hormonas se ponen en movimiento.

Sube la *feniletilamina* que se encarga de ponerlo todo más intenso. En combinación, estos compuestos químicos del amor nos hacen sentir increíblemente felices, optimistas y motivados.

También se eleva la *oxitocina*, que es una hormona que se libera con el contacto físico, —desde un abrazo hasta la intimidad sexual— y hace que nos sintamos más unidos con la otra persona.

Nuestro organismo segrega más *serotonina* —también llamado neurotransmisor de la felicidad—, que se encarga, precisamente, de hacernos sentir felices por estar con nuestra pareja.

«Lo conocí hace una semana, pero es como si hubiésemos estado juntos toda la vida, anoche nos quedamos hablando por teléfono hasta las tres de la madrugada, y no me lo puedo sacar de la cabeza... Estoy todo el tiempo pendiente de que volvamos a vernos». Escuché esa conversación entre dos jóvenes amigas, mientras esperaba para pagar mi compra de supermercado.

Este primer amor es pura química; es así como nos sentimos las parejas cuando nos enamoramos.

Incluso se trata de una emoción tan intensa que es difícil de olvidar con el paso del tiempo.

He visto esto una y otra vez en las parejas; mientras que olvidan de momentos importantes de la historia de su relación, siempre recuerdan los inicios, incluso con gran nivel de detalles.

La pregunta que viene a continuación es qué sucede cuando ese tsunami químico desciende y es interpretado como una pérdida de amor. «*Siento que ya no es lo mismo con mi pareja*»; «*Creo que se terminó el amor*»; «*No tenemos la misma conexión que al principio…*» ¿Has estado allí?

Es un buen momento para afirmar que todos pasamos alguna vez por ese lugar. Lo afirma la ciencia, lo confirma la experiencia. Y, para tu tranquilidad, en los inicios de cualquier relación, la química ha dominado gran parte de nuestras acciones y decisiones de amor. Sin embargo, es necesario comprender que ese amor químico de los primeros tiempos necesita algunos ingredientes más para pasar la prueba de fuego del tiempo: acuerdos, compromiso, intimidad y empatía para que el vínculo sea confiable y duradero.

Ese amor puramente químico tiene fecha de vencimiento. De momento, la *eterna luna de miel* podría llegar hasta el tercer año de relación. Y esto no significa que más adelante la química desaparece, aunque sí esta forma de relacionarnos, casi exclusivamente, sobre la base de un amor químico.

 **Primera nota mental:** *La química disfraza de amor al enamoramiento.*

La biología agradece estos descubrimientos, hasta el punto de creer que, sin presencia de estas primeras formas de conexión, el apareamiento de las especies sería imposible. Esto equivale a suponer que tú y yo estamos aquí gracias a esta primera forma de *amor químico o enamoramiento*.

También la filosofía y la poesía se han ocupado de hablar de este tipo de atracción o amor romántico. Así, desde la literatura podemos encontrar todo el lío en que nos hizo meter *Cupido* lanzando sus fatídicas fechas de amor. Tal es este estado de embriaguez, que hay muchos que han hablado por ahí del *amor a primera vista*, concepto que ya existía en la antigua Grecia y que se definía como *la locura de los dioses*. Lo cierto es que ese amor a primera vista tiene mucho de mirada, atracción, deseo y pasión, pero poco de amor consciente como para aponer un vínculo sustentado en la confianza, la generosidad, la empatía y el afecto profundo.

Este amor romántico nos hace ver todo lo bueno en ese otro ser que acabamos de conocer al punto de la idolatría, y de creer que hemos encontrado a la persona correcta, perfecta y a medida de nuestras necesidades.

Este tipo de enfoque sobre el amor —romántico o inconsciente— ha causado muchos conflictos en las relaciones interpersonales, sobre todo porque nos ha puesto en un lugar de fantasía que poco tiene que ver, luego, con una relación de amor real que viene de la mano de la convivencia.

Podemos suponer entonces que la conexión inicial entre dos personas que quieren ser una pareja es bastante simple. Basta algo de química y unas pocas cosas en común para coincidir y considerar que hemos encontrado a nuestra *media naranja*.

Visto así, enamorarse es simple, fácil y bello. Sentirse así es *lo más*...

 **Segunda nota mental:** *Todos los que, alguna vez, hemos tenido una relación de pareja, hemos vivido el enamoramiento.*

Hace unos días — ya preparaba esta publicación—, esperaba a una amiga en un café y mientras lo hacía observaba a una pareja muy joven, sentados en la mesa frente a mí. Aguardaban su comida y, entretanto, reían con gusto y tomaban unas *selfies* que de inmediato compartían entre sí o en sus redes. Ambos con tus teléfonos celulares, ambos riendo y disfrutando, ambos cuidando diferentes poses para dejar registrado el momento.

De pronto mi mente se fue... Pensé en los dos jóvenes y el teléfono y me vi tentada de hacer una recomendación:

> *«Mujer —también aplica a ti, caballero— si quieres que la relación sea extraordinaria, trata a tu compañero como al celular: duerme a su lado, míralo concentrada al despertar, ríe y diviértete cada vez que lo miras, cuídalo para no perderlo, mantenlo a mano todo el tiempo, dedícale tiempo y energía a toda hora, tócalo muchas veces al día, y tenlo siempre en un lugar especial».*

Me pareció que este simple consejo podría ser efectivo para la llegada de aquellos momentos en que dejamos de *sentirnos en las nubes* con el otro.

Cuando te enamoras, no consideras otro escenario posible más que el de vivir feliz para siempre, en ese estado de embriaguez absoluta, de encantamiento total; con esa sensación de que nunca fue tan fácil ponerte de acuerdo con alguien como con esta pareja. Y nunca hubo una persona más parecida a ti en sus gustos que ella.

Ponerse de acuerdo, coincidir, sentir la química y conexión es bastante simple cuando te enamoras y comienzas a vivir en esa sintonía. Te quedas atrapado en la personalidad del otro y no puedes ver ninguna cosa que pueda alterar ese estado de encandilamiento, ni escuchar alguna razón que pueda cambiar ese sentimiento.

Claro está que, bajo los efectos del enamoramiento, no vemos al otro tal como es, sino tal como deseamos que sea. Minimizamos aquellas características que, ya en los primeros momentos, nos desagradan, incomodan o disgustan, e incluso, llegamos a justificar ciertas conductas para lograr encajar en la relación; a veces, hasta el punto de volvernos ciegamente tolerantes y complacientes.

Entonces, si has sentido mariposas en la panza, deseo de contacto físico permanente, deseo de reciprocidad, falta de apetito o concentración, pensamientos frecuentes sobre tu pareja, nervios y ansiedad e idealización de la otra persona, has pasado por el *enamoramiento*.

Creer que el amor va a ser así por siempre, es asombroso, aunque desatinado. Y aunque muchos no lo asuman así, esta es una buena noticia: si hacemos las cosas bien, hay altas probabilidades de que podamos ir de un amor más químico —y romántico—, a un amor inteligente, donde valoremos profundamente al otro tal como es;

encontremos en la relación un punto de apoyo, podamos expresarnos tal cual somos, cumplir nuestros sueños y ser nuestra mejor versión individual, pero en pareja.

¿Qué sucede cuando la química desaparece?

De pronto amaneces un día y descubres que has comenzado a ver aspectos del otro que antes no habías notado, y que la persona que elegiste para una vida en pareja pasó de ser el amor de tu vida a ser un extraño al que necesitas aprender a conocer.

Y entonces la química se transforma en fricción y lo que el otro dice, piensa o hace nos molesta, nos choca, nos duele. ¿Dónde quedó el *«somos tal para cual»*, para pasar al *«somos el día y la noche»*? ¿Desde cuándo pasamos de sentir que somos *«carne y uña»*, al *«somos polos opuestos»*?

Todo esto siempre existió en el plano de la fantasía, en esa carga que esta visión romántica e idealizada del amor le ha dado a las personas de mi generación.

Ya quedó claro que, aunque entendiendo que es conveniente ser afectuosos, cariñosos, atentos, detallistas con quien nos relacionamos, una versión más realista del amor va a ayudarnos a comprender que debemos poner en juego diferentes habilidades para que la relación sea posible.

Sé que, si quieres entender mejor a quién elegiste como tu pareja y comprender cómo es el vínculo que te une a esa persona; probablemente, tu mayor desafío sea el de construir una relación consciente y emocio-nalmente sana.

Es necesario que comprendas un poco mejor algunos elementos desde los cuales hoy juzgas tu relación de pareja. Sobre todo, y en el caso de que quieras seguir edificándote y llevar tu relación a un siguiente nivel, mereces tener las herramientas adecuadas para tomar decisiones debidamente razonadas.

 Establecer relaciones con otros, y en este caso con una pareja, es como jugar al *Fortnite*[2] que, en palabras de mi hijo, se complica por niveles; y pasar al siguiente, exige nuevas destrezas y habilidades, otros desafíos y dificultades, aunque también mejores recompensas.

Pasar de nivel, sin embargo, habiendo sorteado los desafíos del anterior, nos permite integrar el aprendizaje. Esto es, nos hace suponer que algunas cosas desaparecen y otras se transforman. *«Te amo, y sin dudas ya no es un amor puramente químico, aunque la química entre nosotros siga existiendo».*

---

[2] **Nota de la autora:** Fortnite – conocido video juego de construcción, táctica y estrategia popularizado a partir del 2017 y desarrollado por Epic Game.

Que lo tengas en claro, si buscas sentir nuevamente esa química existe la misma variable en juego: no importa si tu pareja es vieja o nueva, si es la primera, segunda o tercera; *el enamoramiento siempre tiene fecha de vencimiento.*

 **Ahora te toca a ti**

Describe ese amor químico de los inicios de tu relación. ¿Qué te atraía de tu pareja? ¿En qué atraías tú a tu pareja?

¿Cómo se ha transformado esa química y de qué modo se manifiesta en su relación presente? ¿Qué expresiones de amor utilizan a menudo tú y tu pareja? Elige al menos 5 aspectos que te atraen de tu par.

Nombra 5 aspectos en los que hay espacio para que la relación crezca.

 **DECRETOS**[3]

Yo soy amor.

Te amo.

Comprendo la química que nos unió y que hemos integrado a la relación.

Te amo.

Bendigo esa química

Bendigo nuestra historia de amor.

---

[3] Lee y repite cada vez que aparezca un decreto.

Capítulo 2. Expando mi amor: las creencias, usos y costumbres

Conviene tener en cuenta que muchas creencias se apoyan en el prejuicio y en la tradición.
-René Descartes-

El tiempo

Las personas vivimos grandes desafíos cuando asumimos una relación de pareja. Quizás el mayor de todos sea entender el concepto de tiempo y algunas otras nociones básicas, para aceptar que corremos contra reloj mientras trabajamos en construir un vínculo de confianza y lealtad con alguien que, hasta ayer, era un perfecto desconocido.

Conocernos exige tiempo. Y mientras participamos en el juego de la relación, vamos tomando distancia y mayor entendimiento de nuestras dinámicas para vincularnos.

Las parejas deberíamos comenzar con un manual de instrucciones que tenga entre sus principios y fundamentos *la regla del 5 x 5*: «*Si lo que te sucede hoy no va a importar en 5 años, no pierdas más de 5 minutos de energía en eso».*

Usar el tiempo a tu favor y en beneficio de la relación, exige que no te detengas ni abuses del tiempo en algo que no sea para bien en tu vida de pareja. Exige tiempo y dedicación construir un *nosotros*.

Detrás de la novedad y la química que se esfuman con el tiempo, llega la tarea de conocer a la pareja elegida, de entender su historia a la vez que la tuya propia, de aceptar con respeto las diferencias luego de comprenderlas, de acordar unas reglas básicas para convivir.

Nuevas reglas, nuevos desafíos, nuevas exigencias de entendimiento; nuevos componentes de un amor que va tomando otra forma.

Ir contra reloj exige el gran desafío de entender el juego sin quedarnos afuera por falta de madurez emocional o por no haber buscado ayuda a tiempo si no entendemos las reglas para vivir en pareja.

Abraza el tiempo —como un recurso precioso— para conocer a tu pareja y construir una relación extraordinaria. Pero recuerda que entre las trampas del tiempo existe una única verdad: el mejor y único es el que tienes ahora.

No más excusas, no más postergar, no más *«no tengo tiempo»* o *«lo hago mañana total que hay tiempo»*. El tuyo es este presente que vives. Ese es el regalo que la vida te da. Tienes este *hoy y ahora* para vivir y gozar de una relación extraordinaria con tu pareja.

Las expectativas

A la relación de pareja siempre llegamos con expectativas, y generalmente con las no acordadas. Esto es, en pocas oportunidades somos fieles a nosotros mismos y declaramos a nuestra pareja lo que esperamos de la relación y, antes que eso, aquello que vamos a poner en la relación para que funcione. Cuando reina la química, lo que hacemos es acomodarnos y portarnos para encajar. Más tarde, cuando empezamos a ver lo que no nos gusta tanto de nuestra pareja, vamos a la realidad para juzgarla duramente.

Y duele cuando no nos gusta. Y por más esfuerzo que hacemos en comprender a esta relación, lo que termina lastimándonos es cuando esa realidad de pareja que tenemos frente a nosotros no coincide con la que imaginamos.

Byron Katie[4] dice que «*lo que nos duele en la relación con los demás son las expectativas que nos hacemos, no la realidad*».

---

[4] **Nota de la autora:** Byron Kathleen Mitchell, más conocida como Byron Katie (1942), es una maestra espiritual estadounidense. Se especializa en enseñar método de autoconocimiento llamado "The Work of Byron Katie" o simplemente "The Work."

Ese es nuestro gran dolor. Esperamos y nos perdemos en lo que esperamos.

Esperas que el amor de tu pareja te salve, que evite problemas, que sólo te traiga dicha y felicidad y, mientras tanto, te distraes de tu realidad, esa en la que a diario se manifiesta el verdadero poder del amor que es el de transformarnos.

Cuando mi relación de pareja es 100% mi responsabilidad, puedo cambiarla. Si tuve el poder de crearla, tengo el poder para cambiarla. Siempre hay espacio para tener un vínculo nuevo con la misma persona.

Sólo necesitamos una mentalidad renovada y ponernos en movimiento —pensamientos y acciones efectivas—.

Y entender que mi pareja también construye la relación —y es absolutamente responsable— de sus pensamientos y de lo que hace o deja de hacer.

> **Nos perdemos de amar la realidad porque no coincide con la idea que tenemos de ella. Aceptarla es un buen comienzo, no para conformarnos, sino para entender que es ciento por ciento nuestra responsabilidad y creación, y cuando esa realidad nos excede —producto de la creación de otros—, aceptarla es entender que *es lo que es*. No lo que pretendo que sea.**

No va a cambiar su realidad cuando yo le diga o exija, no lo hará por presión, pedido o sentimiento; ni siquiera por amor.

Va a cambiar su realidad, su forma de vincularse con los objetos y las personas, si así lo decide, esto es: por propia voluntad.

Me encontraba días atrás hablando con una amiga recién divorciada que me decía que finalmente el desgaste en su relación, la había llevado a tomar la decisión y que nunca había sentido que su pareja fuera un refugio emocional para ella.

Me quedé pensando mucho en el significado de tamaña expectativa. Y luego de unos días decidí llamarla para comentarle lo que había descubierto por mi experiencia personal de pareja: «*amar la realidad me invitaba a amar a la pareja que elegimos y que está en nuestras vidas para despertarnos en aquellas zonas en que estamos dormidos*».

Nuestra pareja más que un refugio viene a ponernos incómodos, mostrándonos con claridad aquellos aspectos en los que necesitamos crecer y evolucionar.

Los modelos

Desde pequeños vamos conociendo el amor de muchas maneras. Vemos a nuestros padres dándose muestras de cariño, apoyo y compañía. Por lo tanto, mientras nos relacionamos, recibimos el amor de nuestra familia ampliada: abuelos, tíos, primos o de nuestra familia nuclear —padres y hermanos—.

En nuestra interacción con el mundo, aprendemos sobre el apego, la protección, el cuidado, el cariño, el amor propio, la confianza, la gratitud o, todo lo contrario.

Todo eso empieza a formar parte de las ideas que construimos sobre lo que significa el amor en sus *diferentes formas y expresiones*; aunque no sepamos el nombre de cada expresión y su significado.

Con esos patrones conscientes o inconscientes vamos relacionándonos unos a otros y teniendo las primeras nociones para entender cuándo somos aceptados, valorados y amados y cuándo los hacemos con los demás.

A medida que crecemos y ganamos comprensión de las cosas, esas referencias de lo que significa *amar a otro, amar a una pareja y que una pareja te ame*, nos acompañan mientras nos vamos relacionando.

Desde ahí, elegimos pareja, juzgamos lo que el otro hace, nos comunicamos, logramos entendimiento y establecemos los límites —de lo aceptable y no— para vivir con nuestro par.

Nuestra familia es nuestra primera escuela de amor

En nuestra familia primaria vivimos el amor que recibimos como hijos, pero también un modelo de amor y relación de pareja que va a servirnos —por lo menos en una primera instancia— como el patrón de relación a seguir.

El matrimonio de mis padres no fue perfecto. Aprendí a través de su ejemplo y de su trato mutuo, que muchas veces el matrimonio tiene más de sacrificio y de ceder, que de justicia y armonía.

Aprendí que la tarea más trabajosa es aprender a amar al otro con sus virtudes y defectos. Que amar es una decisión de cada día y que hay que poner mayor esfuerzo en *las malas*, porque en *las buenas* cualquiera lo hace.

Aprendí que nunca hay que ir a dormir enojado con el otro como dice mi mamá, y que muchas veces, los problemas se arreglan en la cama —hoy entiendo que el cuarto es el gran espacio de intimidad y conexión del par—.

Aprendí sobre la fe, la amistad, el amor, las vacaciones y fiestas familiares. Y también sobre las injusticias, discusiones sin sentido, favoritismos, invasión de terceros —suegra, hijos, amistades—, orgullo y apego, a veces sano y a veces del otro.

Hoy elijo tener una mirada de gratitud hacia ellos y los honro por haber decidido ser pareja y formar la familia de la que soy parte.

Elijo mirar su historia con compasión, bendigo su unión y celebro su amor: que sea por siempre y para siempre.

Las modas

Existen diferentes estilos de relación. Hay quienes sostienen que las modas —incluso en las formas de relacionarnos— expresan los valores y características que definen a un grupo de personas o a una época, y que surgen como medio de expresión, comunicación e identificación social.

En el amor y en las relaciones de pareja también existen las modas: casados, unidos de hecho, convivientes, parejas a distancia, parejas heterosexuales, parejas homosexuales, parejas con y sin hijos, parejas abiertas a la presencia de terceros, amigos con beneficios son algunos de los formatos de relación entre tantos otros que pueden existir.

Todas esas formas —modas y modos de expresión— incluyen un patrón presente y necesario: un vínculo entre el amor que nos tenemos a nosotros mismos —amor propio— y el que tenemos para con los demás —en este caso, la pareja elegida—. Y esto no es una moda.

Siempre que, como seres sociales que somos, nos enfocamos en construir relaciones con otros combinamos amor propio y amor por los demás.

Y para amar bien a ese *otro*, tenemos el enorme desafío de amarnos bien a nosotros mismos en primer lugar.

Hoy sabemos que el amor que decida darle a otra persona o personas será directamente proporcional al que me doy a mí misma, cuidando mi integridad mientras me alejo de las trampas del *ego*.

Actualmente, hay una tendencia en esto de aprender a soltar, y es bienvenida. Sin embargo, no perdamos de vista el foco: *es necesario aprender a sostener, a reparar, a amar y cuidar de la relación sin considerar la huida cuando las cosas se ponen difíciles.*

¡Qué cuidar la relación sea la nueva moda! ¡Y se vuelva tendencia mundial!

Creencias: ¿falsas o sujetas a revisión?

Las creencias son ese conjunto de ideas o verdades subjetivas que hemos aprendido a lo largo de la vida y que nos sirven para crear nuestra realidad. Cuando aquellas que tenemos obran como limitantes, decimos que son falsas o que, por lo menos, merecen ser revisadas.

Adoptamos creencias casi siempre sin cuestionar, sólo como principio de fe. Las asumimos como verdaderas y desde ellas miramos, comprendemos, pensamos y manifestamos el mundo que nos rodea.

En el amor sucede lo mismo. Las creencias nos acompañan mientras vamos creando vínculos con otras personas en diferentes órdenes de la vida, pero ¿cuándo nos limitan? De hecho, siempre que limitan nuestra creación, nuestra obra. Y es en este punto cuando nos enfrentamos al desafío de revisarlas, cuestionarlas y, en la mayoría de los casos, *desaprenderlas*, para dar lugar al aprendizaje de nuevas ideas.

Lo que creemos es lo que nos permite crear: cosas, experiencias, vínculos. Cuando miramos detenidamente la relación que hemos formado con nuestra pareja, entendemos que hay algunas creencias que han limitado nuestro crecimiento. Desde ese lugar, hay espacio para revisarlas.

Si deseamos crear un vínculo extraordinario, nuestras creencias sobre lo que eso significa deben ir de la mano de nuestras acciones.

Creencias sobre el amor —*sujetas a revisión*—

En el amor todo vale

Traemos a nuestra relación de pareja ideas distorsionadas y, en algunos casos, hasta enfermizas sobre el amor. En algunas ocasiones, aparecen bajo el disfraz de *los celos* o amor posesivo, de pertenencia y apego; otras, se solapan en un amor egoísta y calculador; cuando miramos con detalle puede aparecer, incluso, un amor controlador y violento.

En el amor no todo vale o no se vale todo: no es violencia, ni control, ni sumisión. No manipula, oprime ni suprime. No opaca, niega o limita.

No aceptes engaños ni permitas la violencia en su nombre: el amor no es eso.

Quizás, y para hacerlo simple, la manera más efectiva de pensar en el amor es entender que uno mismo es amor y que nuestra mayor medida es la de amarnos y amar a los demás.

> El amor es sobre todo respeto, tolerancia y aceptación. Y en ese instante en que tengas la necesidad de responder si lo que sientes, das y recibes, es amor, piensa en que él no destruye: *edifica*.

Si entiendes el amor desde una dimensión diferente, podrás comprender cuál es el que das a tu pareja y qué lenguaje de amor habla tu par. Para elevar tu vibración en la sintonía del amor es importante que introduzcas en tu vida una nueva creencia.

 **NUEVA CREENCIA:**
El amor me edifica.

El amor todo lo perdona

Confío plenamente en el *perdón* como la llave y la más efectiva herramienta para sanar el vínculo con uno mismo y con la pareja. No existe un manual que nos diga qué deberíamos perdonar o qué cosas no y, por eso, muchas veces se nos complica esta decisión.

Cada individuo pone sus límites y decide qué, cuándo y cómo perdonar. La Biblia dice que debemos *perdonar 70 veces 7*. Sin dudas no podemos exigirlo, porque no es un deber: *es un derecho*.

A perdonar se aprende, esa es la parte de voluntad que tiene el perdón. No lo otorgamos por sentimiento. Muchas veces, confiados en el sentimiento, evitamos perdonar y elegimos el *resentimiento*.

Perdonamos por voluntad, esta es la parte más consciente del amor; por decisión; para liberarnos; para sanar y regalarnos la paz que merecemos. Pero, fundamentalmente, lo hacemos porque nos sabemos humanos, erráticos, imperfectos y esa es nuestra *parte de divinidad*.

Perdonamos bajo algunas condiciones: aceptamos las consecuencias; nos regalamos y regalamos al *otro* nuevas oportunidades; dejamos de reprochar, reclamar o resentir y usamos el perdón como una llave: amo porque perdono y no al revés.

Cuando lo decides, perdonar no te límites. Y si te limitas, que sea en pos de mantener tu propia armonía y equilibrio interno, tu paz espiritual y tu conexión con la esencia, con aquello que te define como *humana y divina*.

 **NUEVA CREENCIA:**
Perdono porque me amo.

El amor todo lo puede

¿Qué tipo de amor es este? El amor y el perdón pueden con todo si asumimos un compromiso firme de hacer que cosas buenas sucedan en la relación y para cada uno de los miembros de la pareja.

Es un amor consciente e inteligente, uno que liga al sentimiento con la voluntad. Decido transformar desde él, es *verbo, no sustantivo*. Es uno *de acción reparadora* en muchos casos, aunque, algunas veces, contraria a los sentimientos —decido amar, aunque el sentimiento actual no sea tan claro—.

Y debes tener presente a esta acción reparadora, sobre todo, si en tu relación estás atravesando una crisis de egos, ya que el sentimiento por sí solo no va a ser garantía suficiente para resolver los problemas de pareja. Generalmente, sucede lo contrario, por lo que corremos el riesgo de equivocarnos cuando tomamos decisiones permanentes, basadas en emociones pasajeras o del momento.

Si nos apegamos al sentimiento, cuando estamos en un momento de desconexión con el par, corremos el riesgo de creer que ya nada podemos hacer y que ni el amor que nos tuvimos —cuando el sentimiento era diferente— nos puede salvar.

Esto no significa menospreciar el sentimiento; es importante e incluso necesario, pero solo con el sentimiento, no vamos a solucionar nuestros problemas. En muchos casos, el amor —como sentimiento— puede ser la motivación para reencontrarse y crear alternativas para abordar nuestras diferencias.

Cuando aceptamos ciegamente la idea de que *el amor todo lo puede*, desde un lugar sentimental o romántico, corremos el riesgo de limitarnos al sentimiento, negar nuestros puntos ciegos y menospreciar nuestra voluntad y capacidad de hacer que la relación funcione. Necesitamos un amor ligado a la voluntad, a la determinación y a la consciencia. Debemos entender que, como sucede muchas veces en la vida, vamos en contra de nuestros sentimientos y emociones actuales; se requiere que vinculemos el sentimiento con la voluntad y tener en claro hacia dónde vamos con nuestra relación de pareja.

Si tu punto de partida para hacer que la relación funcione es el sentimiento, ¡enhorabuena!

Si tu sentimiento es confuso, o sientes que el amor se ha debilitado, si tienes dudas sobre tu amor, ¡enhorabuena!

Tendrás que poner en juego tu capacidad de conectar con tu pareja y volver a fortalecer el sentimiento con acciones cotidianas, confianza, intimidad, respeto y compromiso.

¿Cómo es entonces? ¿Sentimiento y voluntad? Piensa por un momento si todos los días te levantas de la cama con el mismo sentimiento, con muchas ganas de levantarte y con tu entusiasmo a tope... Probablemente no es así y, sin embargo, te pones de pie porque mides en una balanza no sólo el sentimiento sino también la voluntad, entendiendo que hay un bien mayor y un propósito que quieres alcanzar.

Si haces caso solo a la parte más emocional, probablemente apagues tu despertador y te quedes pegada a la almohada: *sucede lo mismo con las relaciones*.

Unas cuantas veces tendrás que ir en contrario al sentimiento o a la emocionalidad del momento, pero solo si tienes en claro hacia dónde deseas dirigirte.

¿O acaso es la primera vez que escuchas que podemos enamorarnos muchas veces de la misma persona? ¡Bienvenida —y bienvenido— al club!

 **NUEVA CREENCIA:**
Siento el amor, vivo el amor, decido y aprendo a amar.

El amor es entrega incondicional

Si por amor aceptas todo y sin condiciones, no es un amor saludable. Los límites en las relaciones son necesarios y establecen el marco de referencia para la salud, el bienestar y la felicidad. Los vínculos son fronteras que te protegen y tus límites van siempre de la mano de la idea que tienes respecto de tu propio merecimiento.

Si aceptas menos de lo que mereces, necesitas primero ponerte a trabajar en tus creencias sobre este concepto y el de abundancia.

La falta de claridad en los límites que establezcas en tu relación de pareja va a llevarte a justificar comportamientos inapropiados de tu par y de ti misma hacia tu pareja. Te obligará a ponerte en segundo plano, y créeme: tarde o temprano, eso deja de funcionar.

Culturalmente, hemos aprendido que, en el amor verdadero, no existen condiciones. *«Hagas lo que hagas te voy a amar igual»*: falso, no funciona así en las relaciones.

El amor es duradero cuando se apoya en acuerdos claros y límites precisos: ellos funcionan como garantía del buen amor.

No resulta una idea saludable ni sostenible en el tiempo, un tipo de relación basada en el *apego insano* que justifique la dependencia emocional, el sometimiento, los engaños, malos tratos, el desinterés, el desprecio y cualquier tipo de violencia verbal, física o espiritual.

No aceptes menos de lo que mereces y para eso necesitas *amarte sin límites*. Conocerte, aceptarte, amarte profunda y divinamente. Darte lo mejor en todo momento.

Mereces ser incondicional contigo misma, establecer límites que te permitan gozar de salud física, mental, emocional y espiritual y desde ahí relacionarte con tu pareja para que el vínculo que forjen a diario sea extraordinario.

Entiende que, cuando aprendas a amarte, vas a amar a tu pareja y tu pareja te amará como mereces, aunque ya no lo necesites.

 **NUEVA CREENCIA:**
Amo sin renunciar a lo que soy.

Si es amor, no duele

Vamos a revisar esta creencia desde un doble sentido. Por un lado, creemos que, si amamos, no va a haber en nuestra vida situaciones que nos lastimen o produzcan dolor.

«Si te ama de verdad no te va a hacer daño» o «Si amamos de verdad nunca vamos a lastimar al otro...» Si esto fuera real, ¿para qué se inventó el perdón? Si el amor es así de indoloro, no habría nunca nada que perdonar.

Asimismo, esta creencia nos limita porque en verdad, lo que duele no es el amor sino el *desamor*.

Lo que realmente lastima es la presencia de actos egoístas que, disfrazados de amor, nos vuelven carentes de él. Lo que nos duele es la indiferencia, el egoísmo, el engaño, la desconexión; es decir, el conjunto de aquellas actitudes que interpretamos como desamor.

Las personas sufrimos, sobre todo, porque recurrimos a una extraña manera de pensar sobre el dolor que nos causó alguna situación. Sabemos que podemos sentirlo cuando vivimos una relación de pareja en la que vemos traicionada nuestra confianza, por ejemplo; eso es natural que nos lastime: duele el desamor, la traición.

Luego voluntariamente, lo convertimos en sufrimiento cuando decidimos traerlo a la mente con el pensamiento y recreamos la situación una y mil veces en el presente. La falta de perdón nos aleja de la esencia del amor.

Cuando duele hay que darle permiso al sentimiento, permitir que se exprese, pero aprender también cómo y cuándo decidimos tomar ese dolor para transformarlo en amor y redoblar la apuesta, o cuándo nos ponemos el disfraz de víctimas y lo perpetuamos en forma de sufrimiento.

Hace seis años, con mi esposo, asumimos el desafío más comprometido de nuestras vidas hasta hoy. Pusimos todo lo que entraba en dos valijas por persona y nos mudamos de país. Jamás imaginé que, junto con la alegría de un nuevo comienzo, empezábamos un camino de rompernos, de desarmarnos por completo, de abandonarnos a un mundo nuevo donde sos un completo extraño y extranjero —porque eso es lo que haces cuando te sales completa y decididamente de tu zona de confort—, para un día cualquiera, volver a juntar los pedazos y dar lugar a una etapa diferente.

Y en los momentos de más dolor, de ese que se te mete hasta las entrañas, que te aprieta el pecho y no te deja respirar, nos encontramos mi esposo y yo. Nos sumergimos en un profundo dolor, desencuentro y desconexión; enfrentamos a nuestros peores demonios.

Nos vimos con un hogar hecho trizas, con corazones pidiendo a gritos un poco de amor, atención y contención. Nos encontramos sabiéndonos erráticos, pero sin la confianza para empezar a reparar.

Nos descubrimos contándonos una a una las faltas y viendo la culpa en el otro. Hicimos frente al dolor del desamor, el desinterés, el desgano, la falta de compasión; nos desentendimos del mundo; nos desconectamos de nosotros mismos.

Y en ese lugar tan al fondo, desde donde solo la fe y el amor divino pueden rescatarte, manifestamos nuestro camino de sanación y reparación individual, de pareja y familiar. Fueron todas —y absolutamente todas—, lecciones de amor, perdón y fe; aprendizajes sobre la esperanza, la aceptación, la confianza y la determinación.

Dolió todo, y mucho. Y, algunas veces, aún duele recordar, pero elegimos abandonar el sufrimiento. Optamos por aprender del dolor y transformarlo.

Aún hoy, desde este presente, seguimos reparando y reparándonos; desde aquí ayudando también a que otras personas lo hagan porque hoy sabemos que el dolor es natural, pero *el sufrimiento es opcional.*

Desde el punto de vista de la conciencia, trasformar el dolor en una experiencia sanadora, supone preguntarnos sobre lo que aprendimos con esta experiencia dolorosa.

¿Cómo se ha transformado tu vida luego de la última vez en que algo te dolió mucho? ¿Qué lecciones has aprendido de la mano de quien te hizo daño? ¿Qué descubrimientos/aprendizajes/cambio de conciencia trajo a tu vida?

En este punto y hasta que aprendemos a comprender y gestionar nuestras emociones, el *desamor* en la relación de pareja puede generarnos dolor y sufrimiento —aunque este último es nuestra elección—.

Quizás llegó la hora de aprender a cuidar nuestros sentimientos, a comprender mejor nuestras emociones y a adquirir herramientas para sufrir menos y disfrutar más de la relación amorosa con nuestra pareja. Y para esto la herramienta más poderosa es el perdón (de ello volveremos a ocuparnos más adelante).

NUEVA CREENCIA:
Decido bendecir el dolor y abandonar el sufrimiento.

El amor es suficiente para tener una relación

Esta puede ser una creencia certera y efectiva, pero tiene que estar necesariamente vinculada a la siguiente pregunta: *¿qué tipo de amor?* Si la respuesta es: un *amor inteligente* que une sentimiento y voluntad, la creencia puede ir en concordancia con la relación que estés creando. Sin embargo, *nos limita* cuando desde su lado más romántico nos hace suponer que:

> Sólo con el sentimiento inicial alcanza, esto es: no hay que hacer nada más si siento que te amo. Es lo mismo que creer que la relación de pareja es un lugar de llegada, y no un viaje. Creer que cuando tienes pareja ya tienes garantizado ese amor para sostener la relación y no necesitas hacer nada más es más que limitante.
>
> El sentimiento inicial justifica cualquier comportamiento. En nombre del amor —que muchas veces tiene forma de apego, dependencia, egoísmo, celos— aceptamos relacionarnos de manera poco saludable.

Sin embargo, una idea más realista de las relaciones nos pone en el lugar de que *querer a otros no es suficiente,* sobre todo, cuando hacerlo es exponernos a situaciones que nos lastiman.

Para que el amor se ponga a prueba hay que atravesar el dolor y decidir comprometernos para tomar a la relación con todos sus desafíos.

Para que el amor nos permita crear relaciones abundantes, es necesario trabajar el sentimiento y la voluntad. Trabajar en uno mismo. Repasar una a una nuestras nociones de *soy, merezco, confío…*

NUEVA CREENCIA:
Trabajo en mí para hacer crecer el amor en la relación.

No me aman como merezco

Aquí es importante que cambies una palabra que te ayude a hacerte cargo de tu estado de amor. En lugar de decir no me aman como merezco, di *no lo hago conmigo misma/o como merezco.*

Modificar esta creencia te va a permitir cambiar de perspectiva para, luego, transformar la realidad.

¿Acaso te das el amor que mereces? ¿Puedes afirmar que cuidas de tu cuerpo —físico, mental y espiritual— del modo en que lo necesitas y mereces? ¿De qué manera te vinculas con el dinero y la abundancia económica y material? ¿Cómo son tus relaciones en general? Con tus padres, con tus hijos, con tus colegas, con tus vecinos, con tus amigos, con tu pareja.

¿Cuánto te cuidas o postergas por otros? ¿Qué haces o dejas de hacer por amor a ti y priorizando a los demás?

Si descubres que hay indicios de que no *te amas* y *cuidas* lo suficiente, nunca hubo un mejor momento que éste para comenzar a hacerlo.

¿Cómo pretendes que te amen si no te amas? Para que *te amen como mereces necesitas primero amarte en igual medida*.

Cuando te ames a ti misma, trabajes en ti y en darte lo que mereces, no necesitarás que otros lo hagan por ti. Entonces, sabrás valorar acciones amorosas verdaderas y conscientes, sin caer en versiones novelescas, infantiles y hasta románticas, de co— dependencia sobre el amor de pareja y que, probablemente te lleven a mendigarlo.

Si aún convives con esta creencia, deberías reemplazarla por una más efectiva, sobre todo porque cuando te amas de verdad, entiendes cuáles son los límites, posibilidades y alcances para construir una relación saludable.

 **NUEVA CREENCIA:**
Me amo en abundancia y recibo amor en correspondencia.

Creencias sobre las relaciones de pareja —*sujetas a revisión*—

Mi pareja me va a hacer feliz

No le confieras ese poder a tu pareja. Demasiado poder y responsabilidad; tu pareja no está aquí para hacerte feliz —ni tú a ella—.

Tu pareja no va a poder cumplir nunca con semejante desafío. Son expectativas fuera de foco que, cuando se confrontan con la realidad, generan angustia, desencanto y frustración.

Eres la única responsable de tu felicidad. Ciento por ciento responsable; olvídate del *cincuenta y cincuenta* sobre el que te hablaron alguna vez.

Si queremos relaciones abundantes, damos lo mejor de nosotros —el cien por ciento— para que sucedan.

Tu pareja es responsable de su propia felicidad. No cargues sobre tus hombros la mochila de *hacer feliz a los demás* o de *complacerlos para que sean felices*. Más tarde o más temprano, tendrás la sensación de que no puedes con eso y de que, por tal motivo, no eres suficiente.

En una relación de pareja, *somos dos personas*, felices o no, que nos vinculamos y compartimos esa felicidad creando momentos de bienestar para *ambos*.

Y la base de ese compromiso es: *no hagas a los demás lo que no quieres que te hagan* (Mateo 7:12).

O dicho en forma asertiva: *trata a los demás —en este caso, a tu pareja— como quieres ser tratado*.

NUEVA CREENCIA:
Yo soy cien por ciento responsable de mi felicidad.

Mi pareja me va a completar —media naranja—

¿Cuántas veces habrás escuchado y, hasta repetido, la historia de la media naranja? Nos la creímos y, desde esa concepción, gestamos nuestras relaciones de pareja: somos *incompletos* y necesitamos que otro asuma la tarea de completarnos.

Y es que la idea de que somos una mitad y de que hay un *otro* —tan mitad como nosotros mismos y que necesita ser completado—, que viene a conformarnos como un entero, a traer lo que nos falta para ser uno; es un principio de la literatura romántica sobre las relaciones, que ha calado hondo en las parejas de varias generaciones.

Vamos a ponerle un poco de humor a esta creencia limitante de la *media naranja*.

Ahora bien, suponiendo que vas por la vida con esta concepción de ser a medias, y tienes que encontrar a tu otra parte entre los millones de habitantes que hay en el planeta y que se corresponden con tu rango etáreo, ¿has pensado en cuánta presión innecesaria se agrega a tu existencia?

Pues, si fuera así, pocas personas —para no decir ninguna— hubiéramos encontrado una verdadera pareja.

Seguramente a esta altura ya descubriste que eres una *naranja completa* y que no te hace falta nada ni nadie para que tu unicidad se exprese plenamente y según tus propios deseos.

No necesitas que tu pareja te complete y no eres la mitad de nadie. ¡Y probablemente te vincules con una *pera*, no con una naranja!

Desde ese sentido de ser completo te relacionas con otras personas —en este caso tu pareja— y construyes un vínculo con ese otro, también completo —*de fábrica*—.

 **NUEVA CREENCIA:**
Soy un ser humano completo que se une a otro ser humano completo.

Mi pareja va a cambiar por amor

«Quiero estar con él, pero que cambie»; «Quiero estar con él pero que no me trate así...»; «Va a cambiar cuando nos casemos». El cambio de tu pareja no está bajo tu dominio y no es una promesa de garantía de calidad, sujeta a devolución.

Aunque sabemos que la única constante en el ser humano es el cambio, cualquiera sea su transformación, en modo alguno viene garantizado por su amor hacia ti.

Sabemos que el amor es importante, pero confiar en que por ese sentimiento a ti va a cambiar, es ilusorio e, incluso, puede llegar a ser muy frustrante.

Tu pareja va a cambiar cuando lo decida, y por amor hacia él mismo. A menudo escucho a las personas decir que se unen en matrimonio pensando que el *otro* va a mejorar algún aspecto que durante el noviazgo no pudo modificar: será más atento, dejará de trasnochar con sus amigos, compartirá las tareas domésticas, repartirá las responsabilidades con los chicos. Lamento decirte que, más bien, debes esperar lo contrario, no lo digo por augurarte un mal final, sino para que *no te cases con una promesa*. Y llegado este punto, sí que necesitas estar atenta a la realidad. Pues cuanto más se ame tu pareja tendrá mayores chances de conectar consigo mismo y más amor de calidad va a tener para darle a los demás.

Podrá inspirarse en ti, podrás actuar como espejo para él, pero de ningún modo te esperances en que el amor por ti garantizará que cambie.

Transformar hábitos o comportamientos inadecuados exige, además, amor propio, compromiso, honestidad, responsabilidad y cierta madurez. En este punto, si estás esperando a que tu pareja *por amor cambie* estás navegando en aguas pantanosas. Más efectivo es que abandones esas expectativas y te concentres en amarte como mereces y necesitas, inspirando casi como una invitación, a que tu pareja se ame y te ame.

Si intentas cambiar a ese otro con quien mantienes una relación amorosa, por más esfuerzos que hagas, vas a llevarte muchas decepciones. Tu pareja tiene todo el derecho al cambio, y de hecho seguramente lo haga, evolucione, aprenda, se equivoque, avance, pero si lo hace, será por su propia cuenta; nunca por obligación o presión, ni siquiera por amor a ti.

Lo que sí puedes hacer y, de hecho, genera muchas transformaciones como consecuencia, es cambiar tú misma e inspirar comportamientos.

Finalmente, cuando tengas creencias de este tipo, asegúrate de dirigir tu mente a la siguiente pregunta: ¿Quiero estar con esta pareja? ¿Con mi pareja real? ¿O con las expectativas que tengo sobre cómo debería ser?

Sobre tu propio cambio tienes control, sobre el del *otro* ninguna garantía.

 **NUEVA CREENCIA:** *Cambio por amor propio. Mi pareja cambia por amor a sí mismo.*

Mi pareja y yo somos tal para cual

Esta es una creencia que ha cargado demasiado peso sobre las espaldas de muchas parejas. Sobre todo, porque desde pequeños hemos sido educados para amar la semejanza, mientras que la diferencia nos incomoda —y bastante—. Incluso, lo suficiente como para querer bajarnos del barco cuando la descubrimos.

«*Somos almas gemelas*», «*somos tal para cual*», «*somos como dos gotas de agua…*». ¿De verdad lo crees? En los inicios de la relación las semejanzas —en gustos, hobbies, motivaciones— puede ser un factor que inclina la balanza en un sentido positivo.

«Nos parecemos mucho». «Coincidimos en todo». «Somos tal para cual»... ¿Cuánto de real tienen estas expresiones? ¿Cuán necesario es parecernos o diferenciarnos? ¿En qué medida afecta este aspecto a la necesidad de lograr acuerdos y entendimiento mutuos?

A medida que vamos conociendo en profundidad aspectos del otro, y sobre todo durante la convivencia, descubrimos que, por historia, costumbres, valores o preferencias, necesariamente, tendremos diferencias, y allí la balanza ya no nos resulta tan favorable. Sin embargo, esto no es un problema: es un hecho. Somos diferentes. Y las diferencias pueden resultar tan atractivas como desafiantes, puesto que, similares o distintos, tendremos que sentar las bases de la relación y establecer acuerdos para una buena convivencia.

Las parejas usamos este argumento de las diferencias cuando queremos bajarnos del barco. Es el comodín que nos sirve para justificar que ya no queremos poner voluntad en lograr acuerdos, en respetarnos, en aceptar otros puntos de vista, en enriquecernos a partir de la diferencia. ¿Y si en lugar de esto, aceptamos que las diferencias siempre estuvieron y que incluso resultaron atractivas en algún momento? Este cambio de perspectiva puede ayudarnos a tener una mirada más realista y sincera, sobre todo en momentos de tensión, que es cuando nuestro ego —

que siempre querrá tener la razón— usa este argumento de las diferencias.

Parecería que lo de los polos opuestos y la atracción, en las relaciones de pareja, no funcionan como en las ciencias naturales. Tanto es así que, ser totalmente contrapuestos, puede generarnos dificultades a la hora de tomar decisiones. Sin embargo, creer que parecernos va a garantizar el entendimiento mutuo, también dista de lo que sucede en las relaciones interpersonales.

Percibir y reconocer las diferencias biológicas, culturales, familiares a la hora de lograr entendimiento, es clave en el proceso de conocer al otro. Comprender lo diverso, aceptarlo y valorarlo positivamente, conlleva a la consolidación del vínculo más que a su disolución.

A partir de allí, es posible abandonar la creencia de que nos separamos porque «*somos muy diferentes*», «*somos el día y la noche*», «*somos polos opuestos*», «*tenemos poco en común*»...

NUEVA CREENCIA:
Comprendo y amo las diferencias que nos unen.

Mi pareja vino a curar mi soledad

El miedo a la soledad es uno de nuestros temores primarios, puesto que representa un estado que no es natural para el ser humano. Puede ser tan profundo que, a lo largo de nuestra vida, construimos diferentes formas de apego —algunas de ellas, incluso, poco saludables—.

Estamos diseñados para estar rodeados de otros seres humanos y para vivir en comunidad; por esta razón a muchos de nosotros, la sola idea de pensarnos en soledad nos incomoda.

Esta cuestión de la vida con otro se ve en el origen de muchas relaciones de pareja donde se elige una pareja por temor a estar o permanecer solos. Así, muchas veces vemos el refrán invertido: *«Mejor mal acompañado/a que sola o solo/a»*.

Bajo este requerimiento de estar vinculados, se pueden esconder diversas formas de relacionarnos: *«me abro a la experiencia de estar acompañada/o por cualquier persona que se presente»* o *«le exijo a mi pareja que cubra esa necesidad de no sentirme sola/o»*.

Si me vinculo para evitar la soledad, vuelvo a caer en una expectativa que mi pareja —quien puede estar sintiéndose de la misma manera— no pueda cumplir.

Si uso al otro para tapar mi miedo a quedarme solo/a, es muy probable que este temor no desaparezca y, también, lo es que, aún en pareja, siga sintiendo lo mismo —soledad—.

Expectativa y poder depositados otra vez en mi par y no en mí; esta situación también tiene fecha de vencimiento.

Así no funcionamos los seres humanos y merece revisión, porque, de hecho, muchas parejas, luego de años de relación, no saben estar solas —compartir momentos consigo mismas para el propio autoconocimiento— o se perciben distantes de su par y con una inmensa sensación de vacío.

 **NUEVA CREENCIA:**
Amo estar conmigo. Amo compartir con mi pareja.

Por amor somos una sola carne

Jamás te *pierdas* en tu pareja; es innecesario que abandones tu identidad por adaptarte al otro; que dejes de ser tú mismo para acomodarte a las necesidades de tu pareja.

Precisamente para que hablemos de pareja tenemos que hablar de dos —dos personas, dos cuerpos, dos almas, dos identidades—. Aquí radica la verdadera riqueza y belleza de la pareja.

Esta idea de que *somos una sola cosa* puede sonar muy romántica, pero es completamente innecesaria y, a la larga, puede cargarte de mucha frustración.

Es probable que, bajo esta creencia, estés gestando, sosteniendo y avalando una relación de co— dependencia, con actitudes de control y dominio de la mano de tu pareja o de los tuyos. Si estás en una relación que se edifica apoyada en dos individualidades, aprovecha a nutrir ese espacio *de a dos*, sin la necesidad de que *uno* piense, sienta, actúe, decida o se exprese por *ambos*.

Quédate con una nueva creencia en reemplazo de la anterior, que te llevará sin dudas a vivir una relación extraordinaria.

NUEVA CREENCIA:
Par—eja, somos dos unidos en un vínculo de amor y respeto.

Me casé/uní por amor a mi pareja

Decidimos unirnos a una pareja por múltiples y diferentes motivos que, incluso, han ido cambiando a lo largo de la historia, por lo menos en Occidente. Hoy sabemos que muchas de estas decisiones poco tienen que ver con el amor o, al menos, con una forma de *amor consciente*.

El noviazgo y la época de *mariposas en la panza* es aquella en la cual, las parejas en su mayoría, tomamos decisiones permanentes —de convivencia, unión civil o matrimonio—, basadas en emociones transitorias. Este amor incipiente o enamoramiento, con su química, nos invita a consumar la unión.

A su vez, en muchos casos, los padres también suelen ejercer cierto condicionamiento —de manera consciente o inconsciente—, incluso, considerando a la *soltería* como una opción menos prometedora que la vida en pareja. Solemos considerar al matrimonio como la única alternativa para salir del hogar de nuestros progenitores.

La literatura romántica, las series, las novelas y programas de TV se han encargado durante largo tiempo de hacer un trabajo —casi de adoctrinamiento— en este aspecto. Han promovido expectativas sobre las relaciones de pareja que, de manera natural y casi sin esfuerzo, generan un nivel de gozo constante y continuado: un verdadero *lecho de rosas*. Por eso, si formas parte del club, has dicho «*prometo amarte, respetarte y serte fiel en la salud y en la enfermedad, en la prosperidad y en la adversidad…*», aunque de verdad, nunca, nunca, nunca imaginamos estas últimas… Es un paquete que compramos de contado, pero sin garantía de reembolso.

La soledad y el temor a ella es, muchas veces, otra de las razones que nos lleva a unirnos en pareja. Aquí el miedo suele confundirse con la desesperación.

En otras oportunidades, el estatus —esto es, un deseo inconsciente de mejora personal—, nos motiva a buscar una pareja y unirnos en una relación, bajo la idea de que, permanecer junto a otra persona, mejorará nuestras habilidades individuales.

Algunas veces, la infancia que hemos vivido nos motiva a casarnos o unirnos a una pareja para abandonar la casa paterna.

Sea cual sea el motivo porque el que te hayas unido a tu pareja, y sin que esto suene a juicio, es fundamental entender esto y desmantelar la idea de que la unión por amor, sobre todo cuando viene ligada a la idea de que el enamoramiento inicial —apoyado en los principios que ya vimos—, será eterna y que la relación traerá la felicidad instantánea para atravesar cualquier dificultad y solucionar los problemas.

Sincerar la relación de pareja desde sus inicios, es un buen punto de partida para forjar el vínculo y que gane salud la relación.

 **NUEVA CREENCIA:**
Amo con consciencia y compromiso.

La llegada de los hijos mejorará nuestra relación

Decir que los hijos mejoran o empeoran nuestra relación es, por lo menos, irresponsable. Pero ¿en qué sentido?

Razonémoslo juntos: a una relación de dos, cualquier tercero es eso, tercero; ajeno, no perteneciente al par. Por tal motivo, es conveniente, a partir de ahora, dejar a los hijos en su lugar y no atribuirles ni el mérito ni la responsabilidad de hacer nada por nuestra relación de pareja. Esta posición no significa que su llegada y presencia pase desapercibida para el par. Generalmente los hijos vienen a la relación trayendo grandes bendiciones, mayores responsabilidades, nuevos desafíos y un sinnúmero de oportunidades de aprendizaje que, de algún modo, afectarán a nuestro vínculo de pareja.

En muchas ocasiones, incluso los padres caemos en el error de creer que nos vamos a realizar a través de nuestros hijos, consiguiendo gracias a ellos, lo que nuestros progenitores nos negaron o no nos dieron en nuestra infancia. Sin embargo, nuestra descendencia no es responsable, bajo ningún punto de vista, de la continuidad o no de la relación. No han sido elegidos como salvadores de una pareja del abismo.

Es bueno entender que no permanecemos en la relación por los hijos y, mucho menos, nos separamos del par a causa de ellos.

Me gusta pensar en nuestros hijos y en el aprendizaje que, como pareja, les dejamos; sin duda, tengo una lista de pendientes siempre a mano.

Entiendo que mientras las parejas hacemos nuestro mejor esfuerzo, vamos dejando huellas en ellos —con lo que hacemos y con lo que dejamos de hacer—. Hoy quisiera poder decirte que mi esposo y yo —durante estos 27 años de matrimonio— hemos sido siempre un ejemplo de relación sana para nuestros hijos. Pero te estaría engañando.

Como todos, hemos atravesado momentos de claridad y otros, de total desconcierto y confusión. Hemos pensado en abandonar el barco un par de veces, pero decidimos continuar, entendiendo los riesgos de cada opción. Hemos avanzado solos y con ayuda; vimos su dolor y desorientación ligado al nuestro.

No nos quedamos en la relación por nuestros hijos, pero entendimos que, en honor a toda la familia, necesitábamos recobrar la salud, el amor y el bienestar pronto.

Hoy la cosecha es abundante y, aunque seguimos trabajamos en esa dirección, aún queda mucho espacio para crecer y transformarnos.

Los hijos son siempre los terceros más amados por el par, pero, aún desde ese amor que les tenemos, siguen siendo terceros.

Entender esto te va a ayudar a hacerte cien por ciento responsable de la relación y a dejar a los terceros afuera de las principales decisiones.

 **NUEVA CREENCIA:**
Soy cien por ciento responsable de mi relación de pareja.

El amor que siento por mi pareja no cambia, siempre es igual

El amor cambia, el sentimiento se transforma, la relación fluye, simplemente porque las personas lo hacemos.

Decía Heráclito: «*Nunca puedes contemplar un mismo río dos veces*». Afortunadamente en la vida y en las relaciones de pareja, la única constante es el cambio. Y entender esta permanente dinámica, es clave porque escucho a muchas parejas decir: «*ya no me ama como antes*», «*al principio eran sólo gestos de amor…*», «*no siento lo mismo que antes por mi pareja*». ¡Bienvenida/o a una nueva consciencia sobre el amor y las relaciones!

Esa es la naturaleza del amor y de las relaciones, por eso hablamos de etapas que van desde el enamoramiento —época más pasional y hormonal— hasta un amor maduro y consciente, pasando por *estadios* diversos de crisis, reconocimiento y aceptación de las diferencias.

NUEVA CREENCIA:
En mí y en mi relación, la única constante es el cambio.

El amor es suficiente para mantener una pareja satisfecha

Sin dudas con amar no alcanza. Hay que saber amar y para eso hay que aprender a hacerlo. Esto significa que muchas veces nos comunicamos con un lenguaje de amor que resulta inapropiado para nuestra relación. Y, de hecho, esta creencia de que sólo basta el amor para que funcione adecuadamente, nos ha traído varios dolores de cabeza y muchas rupturas innecesarias.

El amor se siente, se piensa y se actúa: y tamañas frustraciones llegan a la vida de una persona cuando siente que lo da todo y que sin embargo nunca es suficiente.

Muchas veces amamos con palabras, pero el otro necesita acciones o amamos con actos de servicio, pero necesita contacto físico. Eso puede generar frustración y desencanto; lo mismo puede suceder con nuestra pareja hacia nosotros.

No es que no nos amen, es identificar de qué manera lo están haciendo y qué lenguaje usan para expresar su amor.

NUEVA CREENCIA:
Amo, aprendo a amar y a expresarlo con un lenguaje adecuado.

La moda es separarse si la relación no funciona

¿Alguna vez pensaste que no mereces la relación que tienes? *«Si no somos felices para qué seguir insistiendo», «Yo ya no estoy para aguantar a mi pareja»; «Si no cambia y las cosas van a seguir así, es mejor estar separados desde ahora»; «Al fin y al cabo, no vamos a ser los primeros ni los últimos en separarnos»*.

Esta concepción, como moda y a la ligera, nos ayuda bastante en esto de evitar los compromisos y desafíos que supone *hacernos responsables* del vínculo que creamos. Tomamos a la relación de pareja como *descartable*. Si no me sirve, satisface o convence, la descarto.

Somos cortoplacistas, desmerecemos como moda el sentido del esfuerzo y el valor del *largo plazo*. Solemos inclinarnos más a *borrón y cuenta nueva*. Sin embargo, sucede que esta posición también es un engaño, porque en las relaciones y en la vida, nunca es de este modo; no volvemos a cero, ni hacemos desaparecer lo vivido. No se trata de quedarse vinculada a otro en una relación violenta, donde hay maltrato de cualquier tipo.

La línea delgada que separa hacernos responsables de nuestra relación de cualquier otro escenario es quedarse, siempre y cuando, nuestra integridad, supervivencia física o emocional se encuentre fuera de peligro.

En toda situación que no reúna mínimas condiciones de seguridad para tu persona, busca ayuda de inmediato. Caso contrario, seguimos en el ruedo. Y eso significa que, tal vez, también necesites ayuda si estás empantanada en una relación que se ha estancado o que, peor aún, se debilita día a día.

A partir de esta falsa creencia, la invitación es a evitar que caigas en el error de muchas personas que creen que, separándose, van a solucionar todos los problemas; pues desconocen que, cuando te separas, se agregan nuevos desafíos a los que ya tenías.

Separarse o divorciarse de la pareja supone, básicamente, ponerse de acuerdo, por lo menos, en lo que refiere a división de bienes, responsabilidades con los hijos, si los hay, y formas de relacionarnos a futuro.

Y precisamente la *falta de acuerdos para vivir en pareja* es lo que muchas veces nos pone en una situación incómoda o *contra las cuerdas*. Por tal motivo, tal vez, merezca la pena desmantelar esta falsa creencia y moda de «*si no funciona, o a la primera de cambios mejor es separarse*».

Es necesario que entiendas que si te dijeron alguna vez que la unión hace la fuerza, ¿por qué motivo ahora intentan convencerte de que, separados es mejor?

NUEVA CREENCIA:
Si me separo como solución, me llevo todos mis problemas.

 **Ahora te toca a ti:**

Escribe a continuación las creencias sobre el amor y sobre la pareja que te acompañaron hasta hoy —y que necesitas seguir revisando—

 **DECRETOS**

Yo soy amor.

El amor me edifica.

Perdono porque me amo.

Siento el amor, vivo el amor, decido y aprendo a amar.

Amo sin renunciar a lo que soy.

Decido bendecir el dolor y abandonar el sufrimiento.

Me amo en abundancia y recibo amor en correspondencia.

Soy cien por ciento responsable de mi felicidad.

Soy un ser humano completo, que se une a otro ser humano completo.

Cambio por amor propio.

Amo las diferencias que nos unen.

Amo estar y ser contigo.

Somos dos unidos en un vínculo de amor y confianza.

Amo con consciencia y compromiso.

Uso el lenguaje del amor adecuado.

Si me separo como solución, me llevo todos mis problemas.

Capítulo 3. Comprendo: la letra pequeña del amor de pareja

La letra pequeña
sólo debería existir
en la consulta de los oculistas
y no en los contratos de
las relaciones de pareja.

Todos los contratos tienen unas letras más pequeñas que enuncian aclaraciones o excepciones que no estamos habituados a leer. Esta información está al alcance nuestro siempre que firmamos uno, ya sea cuando compramos un teléfono móvil, rentamos una propiedad, o adquirimos una tarjeta de crédito con alguna entidad bancaria. Mi papá siempre me decía que antes de firmar cualquier contrato leyera la letra pequeña para evitar las sorpresas o los términos inconvenientes.

En la relación de pareja también suscribimos un contrato —incluso algunas veces sin firmarlo—, un contrato de palabra.

Los contratos en las relaciones de pareja —unión de hecho, religiosa o civil— también tienen una letra chica que todos debiéramos leer a tiempo, para comprender los alcances de cada uno de los términos.

En las relaciones hay mucho espacio para aprender y esa es una gran noticia siempre. Sobre todo, porque los vínculos son siempre una extraordinaria excusa para trabajar aspectos individuales mientras nos relacionamos. Se podría decir que hacemos un uso más o menos consciente de los demás para aprender acerca de los otros y sobre nosotros mismos.

Seguramente ya has leído o escuchado que tu pareja es tu mejor espejo; ese que elegiste para que puedas observar lo que sola no ves y que te muestra tus puntos ciegos.

Hace unos días —mientras preparaba este material para el libro—, uno de mis hijos tuvo un accidente con su auto. Iba manejando con tres amigos que lo acompañaban y cuando hizo una maniobra de giro en U, miró por el espejo izquierdo, vio que no venía nadie por ese carril, y decidió virar. Fue a los pocos segundos cuando un auto impactó sobre su lado izquierdo, hizo que perdiera el control del vehículo y fue arrastrado varios metros hacia el otro carril. Afortunadamente, y gracias a la divinidad, todos los involucrados resultaron ilesos.

Cuando analizamos lo sucedido, ya con más calma, descubrimos que no logró ver el auto porque estaba en su punto ciego del espejo retrovisor. Es decir que, para ver al otro vehículo, necesitaba ver la imagen reflejada y realizar un esfuerzo extra para observar lo que no alcanzaba a visualizar con sus propios recursos.

Volviendo a nuestro tema, así funciona el espejo —que es tu pareja— con tus comportamientos, actitudes, obras, preguntas, palabras; te muestra lo que no logras ver por tus propios medios y con tus recursos.

Si este es tu descubrimiento ahora, si venía en la letra chica de tu contrato de relación, en este momento cuentas con más herramientas para comenzar a mirarte en *el espejo que has elegido*.

Vamos ahora a ocuparnos de la letra pequeña, para agudizar nuestra comprensión y forjar un vínculo extraordinario. Claro está que una comprensión más profunda va a favorecer los decretos que hagas a continuación y a cada una de las decisiones que tomes de ahora en adelante.

Saber hablar no es igual que saber comunicarte con tu pareja

Tienes algo que decir y lo dices: ¡Enhorabuena! Aunque pronto descubres que has usado palabras hirientes, has sacado queja, dolor y resentimiento, hablas en medio de ocupaciones y con terceros presentes, hablas sin tener la atención exclusiva de tu pareja, esto es igual a suponer que lo que dijiste *cayó en saco roto.* ¿Te ha pasado?

Si necesitas ordenar tus ideas y hablar en voz alta, es más funcional que lo hagas a solas, ensayando todo eso que necesitas expresar, incluso escribiendo las ideas más importantes para hacer más efectivo tu mensaje. Si quieres hablar con la intención de comunicar una necesidad que tienes, y con mayor claridad de ideas, sigue estas recomendaciones:

1. Ordena y jerarquiza tus ideas.

2. Elige el mejor momento para hacerlo, debes asegurarte toda la atención de tu pareja.

3. Dilo de manera positiva, aun si se trata de aspectos negativos que quieres modificar.

4. Evita los absolutos (tú nunca; siempre es lo mismo; jamás)

5. Evita hablar cuando tus emociones estén a tope y las palabras salgan acompañadas de gritos o insultos. Tu mensaje no debe quedar opacado o diluido por la forma en que lo expresas.

6. Respeta los silencios. Muchas veces una pausa luego de algo importante que decir, intensifica el mensaje.

7. Habla desde la mente y el corazón, confiando en que vas a lograr el entendimiento mutuo con tus palabras.

8. Comienza elogiando algún aspecto de tu pareja antes de expresar una necesidad.

Hace un par de meses viví una extraña situación en el metro de New York. Estaba en modo turista, super relajada y disfrutando del paseo, camino al Downtown de la ciudad y, de pronto, frente a mí, una pareja comenzó una discusión. *«No es el momento ni el lugar apropiados»*, pensé. No iban a resolver nada hablando allí. ¡Cuánta incomodidad para ellos y para los espectadores curiosos!

Pude notar que la tensión subía mientras hablaban más fuerte y con interrupciones —a esa altura no se escuchaban ya—. Acompañaban sus dichos con gestos, miradas intimidantes y seguramente palabras hostiles —no podía identificar en qué idioma hablaban, pero sé que no era ni español ni inglés—. La tensión era importante, hasta el punto de que la energía que emanaban hizo que las personas más cercanas hicieran espacio. Pensé luego en lo que sería esta discusión en su hogar, con esa energía de tan baja vibración; si habría hijos escuchando; si hubieran podido frenar antes, tomar un descanso y retomar con más calma.

Imaginé un abrazo para bajar la tensión y luego el diálogo. No pude evitar recordar momentos así con mi esposo, donde pierdes completamente el norte. Porque la ira tiene ese poder: el de enceguecer la mente y el corazón de las personas.

No des lugar para estos momentos de tensión en tu relación; luego se hará más difícil la reparación. Ten presente que la comunicación es un arte que necesitas dominar para que la relación funcione.

Así que cada vez que vayas a decir algo analiza si lo que vas a decir es *bueno* —aporta algo positivo a la relación—, *verdadero* —se basa en hechos y no en suposiciones— y *necesario* —*cambia las cosas si lo callas*—. Si pasa por esos tres filtros de manera positiva, entonces merece ser dicho.

Saber escuchar no es igual a saber entender lo que tu pareja dice

Escuchar es lo que las personas hacemos. Aprender a hacerlo —letra chica de un contrato— es lo que todos necesitamos si queremos relaciones prósperas, sanas y abundantes.

Aprender a escuchar para que la comunicación y el entendimiento sean realmente efectivos es lo que queremos lograr y para eso es importante tener presente algunas consideraciones:

1. **Piensa que el mensaje de tu pareja tiene importancia y merece ser escuchado.**

2. **No interrumpas a tu pareja cuando habla. No termines sus frases. Escucha hasta el final.**

3. **Elige el mejor momento para escuchar, evita los distractores. Sincérate si en ese momento no puedes escuchar con toda la atención y procura un espacio luego.**

4. Has preguntas si necesitas mayor claridad para entender.

5. No des consejos, sólo escucha.

6. Evita los juicios y sacar conclusiones por anticipado.

7. Valida las emociones de tu pareja, no minimices lo que expresa desde tu comprensión de los hechos.

8. Escucha con el corazón, no sólo con tu mente. Ponte en los zapatos de tu pareja para comprender su mensaje.

Saber de intimidad no es igual a conectar

Puedes tener buena intimidad, confianza y/o contacto sexual y, sin embargo, sentir que no conectas con tu par.

A menudo las parejas hacemos referencia a la falta de conexión con el otro, cuando sentimos dificultad para estrechar nuestro vínculo. Si la relación se debilita en lugar de crecer en conexión, afecto y confianza, la distancia y la incomprensión están a la vuelta de la esquina.

La intimidad sexual es un aspecto importante de la conexión, y aunque valioso, no suficiente. Claro está que para conectar con tu par y trabajar en esa dirección, es necesario que tengas bien presente lo siguiente:

1. Dedica tiempo exclusivo para tu pareja —sin hijos, sin amigos, sin familia, sin celular presentes—.

2. Expresa gratitud —con palabras o con gestos—.

3. Toma los conflictos como una posibilidad de crecimiento mutuo, en lugar de traba o limitante.

4. Aprende a gestionar tus emociones y a aceptar las de tu pareja con empatía.

5. Mejora la comunicación, enfócate en aprender sobre ello —atiende el lenguaje verbal y no verbal—.

6. Expresa tu amor en el lenguaje que tu pareja entiende: palabras de afirmación, contacto físico, actos de servicio, tiempo de calidad, regalos...

7. Date espacio para conectar contigo, ya que no puedes conectar con los demás si antes no te ocupas de ti misma.

Saber resolver conflictos no es lo mismo que saber gestionar la paz

En el día a día de la relación, los conflictos surgen en la mayoría de los casos, de pequeños desacuerdos. ¿Te has puesto a pensar en cuántas discusiones insignificantes se han trasformado en grandes conflictos para tu relación?

Los problemas son siempre una oportunidad para medir nuestras habilidades y, en el caso de la pareja, para valorar nuestra capacidad de ponernos de acuerdo y actuar como equipo.

Ya hablamos de la *regla de 5 x 5* como filosofía para evitar el desgaste y estancamiento, esto es: *si un problema no te va a importar en 5 años, no pases más de 5 minutos molesto por eso.*

«Si ordena como a mí me satisface»; «si trae del mercado toda la lista que le pedí», «si llega en horario al colegio de los chicos», «si recuerda el aniversario en tiempo y forma», «si deja la toalla mojada tirada en el piso del cuarto...».

Si siguiéramos con la lista podríamos escribir un libro sólo de este tipo de situaciones que son la entrada a una discusión, conflicto, problema y desgaste, un ciclo de nunca acabar. Esto sí o sí produce desgaste; quita tiempo y energía para proyectos, sueños, diseño y para llevar adelante una vida mejor.

¿Acaso crees que vale la pena alterar la paz con discusiones sobre estas cuestiones mínimas? Hay parejas que consumen gran parte del tiempo que comparten en este nivel, bien básico, de poco entendimiento y discusiones sin sentido. Eso quita mucha energía para crear buenos momentos. Eso quita la paz necesaria para crear un vínculo sólido con tu pareja.

Hay otro tipo de conflictos o situaciones que nos preocupan y que erosionan la paz en el diario vivir. Y son aquel tipo de preocupaciones que nunca suceden.

¿Cuántas cosas por las que te preocupaste alguna vez se hicieron realidad? ¿Cuántas noches de descanso perdiste pensando en algo que nunca ocurrió?

Más del noventa y cinco por cierto de las cosas que te preocupan, angustian, quitan la paz, no van a suceder.

Si quieres lograr paz en tu vida y construir un vínculo pacífico con tu pareja, comienza por evitar un patrón diario de discusiones sin sentido y por cosas que en cinco años no vas a recordar; deja de preocuparte por cosas que no van a suceder.

Encuentra una manera más efectiva de abordar los conflictos sin que esto te quite la paz diaria que mereces.

Esperar que la relación funcione no es igual que *hacerla funcionar*

Esperar significa creer que algo sucederá; y para las relaciones de pareja siempre es un buen punto de partida porque creas en la mente y, a partir de allí, en la realidad. Sin embargo, con creer no es suficiente, hay que sumarle al pensamiento, un sentimiento y acción que incluya un plan: *creer, querer y hacer* sería una mejor combinación si deseamos vivir una relación de pareja extraordinaria.

Esperar/creer nos pone en el lugar de la fe; *querer*, en el lugar de la emoción, en la sintonía del deseo y *hacer* nos conecta con la responsabilidad y la voluntad. Si no sucede como a ti te satisface, revisa estos tres elementos hasta que lo logres, y hazlo las veces que sea necesario. La relación con tu par no es un punto de llegada, es un lugar de encuentro y, como tal, mientras exista va a haber espacio para mejorar.

Hay una gran clave que encontré en mi matrimonio para empezar a ver cambios en mi relación. Un día decidí que ya no hablaría de divorcio; que no tendría esa alternativa como una de las tantas en mi agenda de posibilidades. Enfocarme en arreglar las cosas y en hacer que funcionen para bien, permitió dar un giro a nuestra relación en poco tiempo: tener plan A y sólo plan A fue una excelente decisión.

Sin importar la dificultad, resolver los problemas, ponernos de acuerdo de manera simple y efectiva —como equipo— y hacer que la relación funcione es el único plan posible en mi agenda.

Siempre puedes tener una relación más confiable, amorosa, saludable, apasionada; pues, en todo momento, hay lugar para ir por más y crear la relación extraordinaria que mereces y que inspire a más personas como tú.

El amor de pareja se acaba cuando no se demuestra, no se expresa, no se comunica, no se valora, cuando dejamos de poner la energía y el foco en hacer que la relación funcione.

Aceptar a mi pareja no es igual que pretender que cambie

Este es un gran sinsentido de muchas relaciones de pareja que se pasan la vida intentando cambiarse el uno al otro. Aunque eso no funcione, viven una relación cargada de juicios y, por supuesto, nunca logran entendimiento.

Veo a este tipo de parejas que permanecen como *sobrevivientes* de la propia relación, pero nunca llegan a construir una pareja extraordinaria.

Si quieres cambiar tu relación, lo más efectivo es que empieces por cambiar tú misma: sé el tipo de persona que quieres ver en tu relación; sé la clase de pareja con la que quieres conectar.

Eso sí efectivamente está en tus manos, está en tu poder; trabaja en ti y verás grandes cambios.

Esperar que los otros cambien te quita responsabilidad y control sobre tu propia persona. Te puedes perder la vida esperando que, tu madre actúe diferente, tus hijos hagan mejor las cosas, tu pareja te exprese de forma adecuada su amor; que tus amigas estén cuando las necesites, los políticos sean más honestos, los jueces más justos, los médicos mejores profesionales, los maestros más empáticos. No tienes garantías sobre eso.

Cambia tu vida e inspira a otros a que sean mejores personas; comienza por tu pequeño espacio familiar y piensa qué pasaría si cada habitante del planeta tuviera este lema consigo. Seguramente tendríamos un mundo de relaciones diferente.

«Aunque nada cambie, si yo cambio, todo cambia».
—Marcel Proust—

 **Ahora te toca a ti:**

¿Qué aprendiste con este capítulo?

¿Cuál es la letra chica que no habías leído en tu contrato de relación?

 **DECRETOS**

Yo soy amor.

Me expreso con claridad y sin engaños.

Aprendo a entender y aceptar a mi pareja.

Conecto conmigo y contigo.

Gestiono una relación pacífica.

Cambio e inspiro a otros.

Capítulo 4. Me amo: y así te quiero mejor

El amor propio es un acto revolucionario .
—Anónimo—

Enamórate de ti, de la vida, y luego de quién tú quieras.
—Frida Kahlo—

Habrás escuchado ya, que para aprender a amar a los demás y, en este caso, a tu pareja, debes aprender a *amarte a ti primero*. Y para lograrlo tienes que desarrollar la capacidad de valorar quién eres, lo que haces, reconocer tus habilidades y trabajar el merecimiento.

Cultivar tu amor propio es la mejor manera de darte lo que mereces y por naturaleza te corresponde. Este es un principio básico para poder dar a los demás luego: nadie puede dar lo que no tiene; así que primero tienes que darte, luego ofrecer y entregar al otro.

Para amarte mejor necesitas cuidar de tu salud física, mental y espiritual. Un buen punto de partida es que te aceptes como eres, siempre que consideres que una alimentación saludable y balanceada, una rutina de ejercicios, aire libre y contacto con la naturaleza, un espacio para cultivar la meditación o la práctica espiritual irán en tu propio beneficio.

Quiero compartir contigo, lo que hace un tiempo fue una confesión íntima de mi esposo respecto de lo que para él significó comenzar a *amarse con merecimiento*.

«Durante años pensé que la persona más linda de mi pareja era mi esposa. Ella es bonita, con unos bellos ojos verdes, una sonrisa abrazadora, y un espíritu que me seduce permanentemente a través de su inteligencia y la figura de su cuerpo.

Durante años, observé a mi pareja embelesado y sin poder correr mi vista y mi corazón de ella. Eso impidió que me dedicara atención a mí mismo, que cuidara de mí, que me diera cariño, aliento, que reconociera mi propia belleza al igual que mi inteligencia y el amor que es posible emanar desde mi corazón.

En un momento, sentí una falta, y me di cuenta de que mi pareja y yo estábamos en perfecto desequilibrio: estábamos acreditando que nuestra pareja se sostenía en las virtudes de uno. Eso nos llevó a un intenso desnivel en nuestras energías, en el que se combinaron la vanidad y la desvalorización, ambas primas hermanas de la baja autoestima compartida.

Dicen quienes saben, que los desniveles al igual que los conflictos, se producen no por las diferencias sino por estar ambos centrados en un mismo y único interés. ¿No es así acaso como empiezan las guerras? Ambos bandos quieren una misma cosa. No los enfrentan sus diferencias, sino sus similitudes. Y en nuestro caso creamos un círculo de relación cuyo centro era la necesidad de satisfacer la baja autoestima de ambos: esa misma cosa.

Con el tiempo, y tras algunas crisis que tuvieron su origen en esto, cada uno de nosotros empezó a cultivar para sí mismos nuestros propios intereses individuales, y con ello empezamos a desarrollar nuestras virtudes. Nos volvimos alegres, atractivos, más compañeros. Mucho creció entre nosotros, pero aún había un faltante.

Ni mi pareja ni yo reconocíamos mi belleza física. Así que, y durante algunos años me dediqué a cuidar de mi figura. Cambié mis hábitos y alimentos, incorporé horas de ejercicio a diario y momentos diarios de meditación.

Y un día, de la nada, me miré al espejo y me dije: ¡qué lindo estás! Y fue honesto. Lo hice desde el corazón. No estaba lindo de acuerdo con los parámetros convencionales. Me sentí hermoso por lo que había construido para mí, a través de todo tipo de barreras y excusas.

Unos días más tarde, aun en ese estado de felicidad por el descubrimiento, se lo comuniqué a mi esposa. Le dije: siento que soy muy atractivo, que mí ser irradia otras cosas, y que mi cuerpo lo dice.

Desde ese mismo día, mi pareja no ha parado de repetirme que me encuentra lindo, atractivo, que ama mi cuerpo. Todo el tiempo me divierto con sus piropos.

Era yo quien tenía que encontrarme a mí mismo. Cuando yo me vi, mi pareja me vio. Cuando yo me amé, mi pareja tomó la mejor opción de todas: amarme como necesito y merezco».

Tu amor y merecimiento van siempre primeros, luego viene lo demás. Para amarte mejor necesitas *construir relaciones saludables*, confiables y donde establezcas límites claros, que no afecten tu bienestar y crecimiento personal.

Para amarte mejor necesitas atravesar el camino del *perdón*, por lo que dijiste o hiciste y por lo que dejaste de decir o hacer. Por todo ello deberás perdonarte si quieres trabajar tu autoestima.

Para amarte mejor necesitas *celebrar los pequeños grandes logros de cada día*, con gratitud, con autocumplido, con aprobación y reconocimiento. Aplaudir tus logros y tu esfuerzo de cada día; agradecer las nuevas oportunidades. Necesitas expresar tus emociones y no temer o juzgarte por hacerlo. Y, sin importar si se trata de amor, alegría, entusiasmo o miedo, tristeza, vergüenza, expresarlas sin resistencia. Si esas emociones están en ti y te hacen quién eres, una buena gestión de ellas comenzará con aceptarlas y nombrarlas.

Amarte mejor supone que puedas reconocer cuando sientes alegría y entusiasmo o temor y angustia; cuando sientes inspiración y gratitud, enojo y frustración.

Para amarte mejor necesitas emprender un *camino espiritual comprometido*, que te conecte más con tu esencia y tu propósito de vida, y te aleje de esa parte del ego que sólo juzga, divide, compite, culpa y ataca. Necesitas *decidir estar en paz*, hacer las paces contigo primero, para edificar relaciones pacíficas luego.

Si cuando te vinculas, te sientes molesta o incómoda con el accionar de los otros, en lugar de juzgar su comportamiento, vuelve a mirarte, mira tu historia y tus dolores, seguramente hay grandes descubrimientos por hacer. Hacer las paces contigo, sanar esas heridas va a permitir liberarte y liberar a los demás.

Para amarte mejor dedícate tiempo para conocerte, para estar contigo, para decirte palabras amables y para darte cuidados amorosos.

Y, cuando descubras que sabes hacerlo y lo haces muy bien, podrás practicarlo de la misma manera con otros. Podrás aceptar, amar, cuidar a tu pareja como lo haces contigo.

«Date lo que mereces para dar a otros en igual medida». Este es un principio básico y sucede que muchas veces, en el camino de dar amor, si no lo hacemos a la par con nosotros mismos, nos quedamos como vacíos, al igual que una fuente sin agua al dar. Hay quienes dicen que *«el único amor que te acompaña hasta el último aliento es el amor propio»*.

Para amarte mejor necesitas aceptar que lo que los demás piensen de ti es su historia, no la tuya. Sin duda, puedo decirte que, desde el día en que finalmente decidí amarme y convertirme en una mejor persona, madre y esposa, mi matrimonio no fue el mismo.

Para amarte mejor necesitas amarte de tal modo que no necesites que otros te amen, aunque sepas que van a hacerlo. También, necesitas entender que una forma de amor así será para que puedas hacerlo sin dependencias, sin la necesidad de que te amen y sin que sientas que amas porque el otro lo necesita, sino más bien porque *eliges amar*, y el otro merece tu amor.

Para amarte mejor necesitas mirar siempre en cuatro direcciones:

    -Hacia adelante para saber adónde te diriges.

-Hacia atrás para recordar de dónde vienes.

-Hacia arriba para ver quién te sostiene y acompaña.

-Hacia abajo para no pisar a nadie en el camino.

 **Ahora te toca a ti:**

¿Cuál ha sido para ti la lección más importante de esta primera parte? ¿De qué te diste cuenta? Anota 7 afirmaciones.

 DECRETOS

Yo soy amor.

Me amo y me perdono.

Mi amor por mí misma hace milagros en mi vida.

Me amo y disfruto conmigo misma.

Me siento sana y completa.

Merezco disfrutar de la vida.

Hay paz en mi vida y armonía en mis relaciones.

Merezco amor en abundancia.

II.Me desconecto de ti y de mí

Ningún mar en calma hizo experto a un marinero
—Anónimo—

Hemos dejado de mostrarnos a diario
nuestro amor y así nos hemos perdido.
¿Será que ese es nuestro camino
de retorno posible?
—Anónimo—

Capítulo 5. Sufro el desamor: expectativas versus realidad

Las apariencias nunca engañan,
las que engañan son las expectativas.
—Anónimo—

«*Parece que ya no conectamos*», es lo que escucho a menudo de muchas parejas.

«*¡Nos hemos distanciado tanto!*», «*Nos cuesta ponernos de acuerdo y disfrutar juntos*», «*A veces siento que se apagó el amor*», «*Últimamente hasta cuando respira me molesta*», «*¡Todo lo que hace me irrita!*», «*Me siento sola a pesar de estar en pareja*».

Hay momentos en los que nos sentimos así, donde la realidad que vemos —y que creamos— ya no nos satisface. Lo que parecía iba a ser *pan comido* se hace cada día más complicado y cuesta arriba.

¿Cuál es el problema? ¿Nuestra obra? ¿Las expectativas que tenemos? ¿Patrones inconscientes de los que no sabemos lo suficiente? Esperamos que las cosas sean diferentes y, tal vez, ahí está la punta del ovillo.

Expectativas Vs. realidad.

Me disgusta la realidad porque tengo expectativas diferentes; espero que sea de una manera que no es; sufro cuando no recibo el amor del que me creo merecedora, o no lo recibo de la manera en que lo necesito.

Espero más de lo que recibo o cosas diferentes de las que recibo. Cedo a mis expectativas y termino maldiciendo mi realidad, cuando creo que ella es obra de otros y no de mis propios pensamientos y acciones diarias.

Maldigo mi propia creación y, por lo tanto, me desconecto de mi obra. Y esto no significa que todo lo que vea en ella va a gustarme siempre. El *desencanto* también puede ser motor de cambio. Sin embargo, luego de unos años de convivencia con tu pareja, —y pasada la etapa inicial de enamoramiento— tal vez sientas que hablas poco, te entiendes menos y, cuando lo haces, es sobre base de largas y desgastantes discusiones. O no discutes, pero frente al menor desacuerdo actúas con indiferencia, te alejas, pones en el freezer la relación y después de varios días de silencio no encuentras la manera de regresar a la relación para compartir. Te quedas con enojo, rencor y resentimiento y desde ahí es difícil volver a conectar con tu pareja y gozar de una relación saludable.

Eso sin dudas desgasta el vínculo y lo recomendable si hoy estás en este punto es que trabajes arduamente por romper esta dinámica poco efectiva de bronca, de me las vas a pagar, de silencio, resentimiento, dolor y culpa, y nuevamente a empezar.

Estás en un círculo que te trae sólo desgaste, frustración y amargura, pero lo eliges una y otra vez.

Sigues maldiciendo tu realidad, hasta el punto de creer que esta va a cambiar si tu pareja cambia o si cambias de pareja.

Byron Katie nos enseña las cuatro preguntas que pueden cambiar tu vida, como un mecanismo para que aprendamos a indagar en los pensamientos que están detrás del sufrimiento. Parte del supuesto de que la realidad siempre es más amable que las historias que contamos sobre ella, y que nuestro mayor desafío consiste en ir detrás de esos pensamientos que muchas veces nos causan dolor y sufrimiento.

A través de cuatro preguntas y cuando miro la realidad, indago: «*¿es eso verdad?, ¿tengo la absoluta certeza de que eso es verdad?, ¿cómo re-*

acciono cuando tengo ese pensamiento?, ¿quién sería sin ese pensamiento?».

Tal vez nuestra realidad no sea tan negativa como la vemos, ni tan desagradable como la juzgamos. Tal vez nos cueste revisar nuestras expectativas y creencias y, desde allí, tener una mirada más compasiva y de aceptación.

Y, en este punto, debo hacer una advertencia: *aceptar no significa conformarme*; es entender. Y ello me muestra límites y posibilidades.

Hay un momento para todo, incluso para entender que nuestra realidad es nuestra responsabilidad y creación absoluta. Esto te vuelve a poner en la sintonía del poder personal para cambiarla; si no te gusta cómo es, comienza por aceptarla en lugar de maldecirla. Selecciona de ella aquellos aspectos que no te satisfacen para transformarlos.

Hace unos años, cuando viví una profunda crisis de relación con mi esposo, me sentía sin fuerzas para salir de ese estado de frustración, confusión y falta de entendimiento mutuos. Al final del día descubrí que tenía al menos una cosa en claro: si había puesto a mi relación en un lugar incómodo, de estancamiento, hostilidad y poca salud, iba a descubrir las herramientas —con o sin ayuda— para sacarla de allí y darle a la pareja un lugar de merecimiento.

Cuando descubrí que la forma de reaccionar ante lo que mi esposo hacía, tenía más que ver con lo que yo sentía que con él mismo, entendí que era hora de sanar y volverme emocionalmente saludable, para tener un vínculo sano con mi pareja. Aún si la realidad que vives a diario se presenta en forma de crisis, distanciamiento de tu pareja, desconexión contigo y con tu par, pérdida de confianza, ese es tu buen punto de partida.

Y antes de tomar decisiones, revisa tus expectativas y hazte las cuatro preguntas de rigor. Tal vez te sorprenda descubrir que la película que te estás contando tiene más notas de dramatismo y suspenso que tu propia realidad cotidiana.

Y si luego de ese ejercicio decides que tocaste fondo y que ya no quieres esto que vives, acepta la crisis y lo que vino a enseñarte.

Porque si algo he aprendido con cada crisis, es que no vienen para quedarse, no son eternas. Y cada vez que he decidido tomarlas como una oportunidad, lejos de maldecirlas, las he usado para transformarme y transformar la relación.

Y créeme que me ha sucedido en mi relación de pareja, con la relación con mis hijos, en mi relación con el dinero. Las crisis vienen con grandes lecciones, aprietan, exigen reacomodos y tomas de decisión, y traen grandes bendiciones consigo.

Nadie supera una crisis —del tamaño que sea— siendo la misma persona.

 **Ahora te toca a ti:**

Has un listado comparando: la realidad versus lo que esperas (revisa dónde te sientes más incómoda).

 **DECRETOS**

Yo soy amor.

Acepto y aprecio mi realidad.

Me libero del sufrimiento detrás de mis pensamientos.

Manifiesto una relación amorosa y saludable.

Cada experiencia es perfecta para mi crecimiento.

Aprendo de las crisis y me transformo.

Elijo estar en paz con lo que no puedo cambiar, aceptando lo que sí puedo y reconociendo la diferencia.

Capítulo 6. Me distraigo para amar: el miedo y sus trampas

*Temes o amas. No hay punto medio.
Y cada vez que tomas decisiones
lo haces desde una vereda.
Decides por miedo o decides por amor.*
—Anónimo—

¿Acaso te enfrentaste al temor del engaño, el abandono o la traición? Tal vez y de manera anticipada o luego de haber sufrido, te protegiste, te aislaste, te disfrazaste con esas máscaras temerosas que te ofrece el miedo: *rigidez, apego o desconfianza*.

Y siempre el mismo miedo en el fondo, uno de los principales de la condición humana: *el miedo a la pérdida*.

Te pusiste esas máscaras y cerraste tu corazón. Y, cuando lo hiciste, no sólo te desconectaste de tu pareja, sino también de ti misma.

Generalmente cerramos nuestro corazón cuando no queremos validar nuestras emociones y sentimientos, cuando tenemos miedo y no queremos reconocerlo.

Tal vez por temor a que nos hieran —para protegernos— o por algún recuerdo doloroso —también como protección—, nos ponemos estos disfraces y jugamos un juego que nos aleja del amor en su real dimensión: la de amar y sentirnos amados.

Se trata de un mecanismo natural de protección, ya que el miedo es constitutivo de la condición humana y la forma elemental de supervivencia de la especie.

En última instancia, si el miedo me impide decidir por amor, es importante conocer las máscaras que usamos y que, si bien nos resguardan del miedo, también nos resguardan de la plenitud e intensidad del amor.

La tarea que tenemos como desafío, no es quejarnos de los miedos que tenemos o sentimos y juzgarnos como *demasiado miedosos*. Sino en conocerlos, comprender sus disfraces, su alcance y magnitud y entender la maestría que traen los miedos si podemos transformarlos en fortaleza y oportunidad.

Y muchas veces, las decisiones que tomes en tu relación —sola o con tu pareja—, no van a ser sin miedo, van a ser con temor y todo, a pesar de él, a través de nuestros mayores temores.

Cuando logras entender tus miedos —tus *demonios*— logras conectar con el amor; te sientes libre, expandida y con un poder diferente.

Mientras que el miedo te achica, el amor te expande y libera.

¿Tienes miedo de que se enoje? ¿de que te abandone? ¿a la soledad? ¿a descubrir el engaño? ¿de decir lo que piensas y sientes? ¿de fracasar en tu relación? ¿de una vida de relación a medias? ¿Tienes miedo de no poder lograrlo? ¿de no ser suficiente? ¿de no poder enfrentarte a tus propios miedos?

¿Qué forma tiene tu mayor miedo?

Aceptar tus miedos, reconocerlos, ponerlos de frente y aceptar que eres mucho más grande que todos ellos, es el comienzo de la gestación de un nuevo vínculo, contigo y con tu pareja.

Volvamos a unos de los más grandes temores: el *miedo a perder*; observemos sus diferentes máscaras.

Estas máscaras nos permiten escondernos de los demás y evitan que nos mostremos tal cual somos, por miedo a perder. Perder *valía* —cuando no nos sentimos valorados—, perder *confianza* —cuando nos sentimos incapaces—, perder la *pasión* —cuando dejamos de disfrutar del hacer—, perder la *conexión* — cuando no nos sentimos aceptados y amados—.

Lo más interesante de todo, es que mientras usamos las máscaras para protegernos, más temprano que tarde, nos hacemos daño. Y esto es así porque en tanto que las relaciones sanas se basan en la sinceridad y la confianza, el engaño y el ocultamiento son la razón de ser de la máscara.

Que nadie vea como en verdad somos; de eso se trata.

Tanto tiempo hemos usado estas máscaras que nos hemos alejado de quienes somos y de lo que en verdad importa. Y llegó la hora de hacernos conscientes y de trabajar en ello. Porque como dice Eduardo Galeano: «*Vivimos en un mundo donde el funeral importa más que el muerto, la boda más que el amor, y el físico más que el intelecto. Vivimos en la cultura del envase, que desprecia el contenido*».

Veamos a continuación cuáles son las máscaras más comunes y populares.

La máscara de la rigidez

Esta es una de las principales que usamos para protegernos frente al miedo.

Esa manera cerrada de ver la realidad, de intolerancia a cualquier cambio posible, es una manera disfrazada de esconder el miedo a ignorar si voy a poder enfrentar los cambios de la realidad.

Observa si en tu rigidez, dejas de dialogar, te cierras en tu manera de ver las cosas y no aceptas el punto de vista del otro. Quizás por temor al riesgo que implique considerar que, si lo aceptas, debas cambiar algo de tu realidad y no crees estar dispuesta a hacerlo. La rigidez da una *falsa seguridad*. Sin embargo, impide crear unidad.

La persona rígida siempre divide: «*Vos tenés tu manera de ver las cosas y yo tengo la mía*». Ella se protege cuando niega la posibilidad de que nuestros puntos de vista pueden ser complementarios y enriquecedores.

Hubo un momento de mi vida en que —con mi esposo y nuestros cuatro hijos— decidimos hacer un cambio de alimentación para toda la familia. Viajamos a la montaña, participamos de un retiro, durante tres días, donde aprendimos a desintoxicar, limpiar y nutrir nuestro cuerpo con alimentos vivos. La intención, aprendizaje y experiencia fueron maravillosas.

Volvimos a casa y, de la noche a la mañana, nos pusimos a implementar todo lo aprendido. Con firmeza y determinación, en eso que creíamos bueno para nuestra salud y la de nuestros hijos, hicimos todos los cambios y empezamos a ver transformaciones positivas en nuestros cuerpos y energía. Pero menospreciamos un punto: la rigidez nos iba a poner en jaque en poco tiempo.

Nos cerramos en una única posibilidad para todos; sin transiciones, sin variantes, sin respetarnos en nuestras individualidades y procesos de aprendizaje y cambio. Usando esa máscara, para evitar el dolor de entender que los cambios siempre llevan tiempo, avances y retrocesos, paciencia y mucho amor. La rigidez lejos de protegernos nos limita y desconecta.

El temor de la pérdida está ahí. En el fondo el miedo es a uno mismo, miedo a no saber si tu forma va a exigirme cambio, y si estoy dispuesta a hacerlo.

La persona rígida se cierra en una especie de fanatismo, su verdad es la única que reconoce como tal.

Si en algún momento usaste este disfraz, tal vez te descubriste diciendo cosas como: *«vos me conociste así, siempre fui así y no pienso cambiar. Si no te gusta ahí tenés la puerta para irte».*

O tal vez, dijiste: *«yo no tuve la suerte que tuviste vos», «yo no viví tu infancia, para vos siempre fue más fácil».*

La rigidez siempre es una limitación para el cambio. Justifico ser así porque es mi mejor versión, o justifico ser así porque no tuve mejor opción. Esta es una manera de justificar las limitaciones y el temor al cambio. El miedo y la rigidez no te benefician y menos aún en tu relación de pareja, en tu relación con otro.

La máscara del apego

Si bien es cierto que el apego, en su forma más primitiva aparece como mecanismo de supervivencia y forma parte de nuestros instintos más primarios, con el paso del tiempo suele ser contrario a la expansión y crecimiento personal —sobre todo cuando no es saludable—.

Hablar del apego insano nos lleva a hablar de personas por lo general con baja autoestima, sensación de desprotección constante, crítica hacia uno mismo, ansiedad, inseguridad y en algunos casos dependencia emocional.

El apego inseguro nos invita a relacionarnos a través del miedo.

El apego insano produce dependencia y esa es una parte negativa. Si eso que es motivo de mi apego me falta, me siento mal. El apego me vuelve preso de una cosa, persona o sentimiento.

¿Vives en tu relación un estado de alerta constante? ¿Temes que tu pareja te abandone? ¿Te sientes ansiosa cuando pierdes el control de alguna situación? ¿Temes quedarte sola? ¿Sientes que no eres suficiente para tu relación? ¿Sientes que no podrías vivir sin tu pareja? ¿Celas todo el tiempo a tu pareja? ¿Crees que va a encontrar a alguien mejor que tú? ¿Te sientes asfixiada por tu relación?

Es importante que te hagas estas preguntas e identifiques si estás usando la máscara del apego para protegerte.

Walter Riso[5] en uno de sus libros, sostiene que el apego insano corrompe, te hace perder tu dignidad y respeto. Te lleva a perder tu libertad de decidir cómo vas a moverte y te quita la paz cuando sientes miedo a perder aquello que deseas.

Para tu tranquilidad, cualquier patrón de comportamiento, con la guía adecuada, puede modificarse. Así que, si estás identificando este tipo de apego en tu vida de relación, siempre hay tiempo y espacio para trabajar en cada aspecto en el que necesitamos crecer.

Hay una forma de apego saludable que favorece la seguridad y la independencia.

Cuando te relacionas bajo esta forma de apego, tienes la confianza suficiente para saber que no

---

[5] **Nota de la autora:** Walter Riso (1951, Nápoles, Italia) - Es doctor en Psicología, se especializó en Terapia Cognitiva y obtuvo una maestría en Bioética. Desde hace treinta años trabaja como psicólogo clínico, práctica que alterna con el ejercicio de la cátedra universitaria y la realización de publicaciones científicas y de divulgación en diversos medios.

dependes de otros —siendo adulto— sino que los eliges a voluntad y desde ahí forjas vínculos sanos. Confías en que, si tu pareja está bien, tú también lo estarás. Y confías que dándote lo mejor a ti misma, darás lo mejor a tu pareja.

El *apego seguro* te da certeza y confianza, la justa y necesaria para ir por la vida a través de los miedos.

La máscara de la desconfianza

La desconfianza es una máscara bien poderosa que disfraza el miedo. Te debilita si sientes que no eres capaz o suficiente.

Detrás de eso tienes miedo a los demás, a que te juzguen, a que digan algo que no esperas, a que opinen mal de ti o juzguen mal tu accionar. La desconfianza te debilita.

Si te centras en el qué dirán los demás, estás presa de la indecisión. Tienes miedo a entregarte tal cual eres, porque la incertidumbre y la carencia de decisión pueden jugarte una mala pasada.

La inseguridad puede presentarse ligada a la desconfianza, ya que, si tienes miedo a perder, mejor no haces o no dices.

Desconfías de tus capacidades y merecimiento, ganas inseguridad y te frenas. Eliges la desconfianza como prisión.

¿Alguna vez te sentiste juzgada por ser demasiado confiada? Yo muchas veces. Y te tengo una noticia. Para la confianza no existe el demasiada. O confías o no lo haces. No hay punto medio. Y como dice Ernest Hemingway: *«la mejor manera de saber si puedes confiar en alguien es confiando. Por el contrario, si cargas con el peso de la desconfianza, cualquier detalle menor que veas en tu pareja, va a ser para ti una amenaza».*

Las personas desconfiadas limitan el crecimiento de vínculos saludables por temor a verse traicionados o decepcionados. En estos casos, y si te reconoces usando esta máscara, la única vía posible —simple de decir, pero trabajosa en la práctica— es confiar ante todo en ti misma.

Si sufriste la herida de la traición, vas a tener que conectar con tus partes rotas y hacer un trabajo intensivo con tu autoestima. Validarte y volver a confiar en ti es el trabajo que toca: ese es el camino que te va a permitir volver a confiar en los demás.

Hace falta detenerse, mirar bien adentro, observar los miedos, entender de dónde vienen y ver qué máscaras usas o has usado en tu historia de relación. Si tú y tu pareja se han distanciado movidos por el miedo y cualquiera de sus máscaras, es bueno hacer un alto, y empezar a tomar acciones en otra dirección. Y cuando dos personas que viven en pareja se hieren, se lastiman, si no se ocupan de disculparse, de reparar el error y sanar, de revisar los miedos, se cierran y se protegen usando máscaras y como una forma de no sentir dolor y es ahí donde se produce la desconexión.

 **Ahora te toca a ti**

¿Cuáles son tus miedos más profundos?

¿Te identificas actuando con alguna de estas máscaras?¿Frente a qué situaciones sientes la amenaza/miedo?

 **DECRETOS**

Yo soy amor.

Abandono las máscaras —rigidez, apego y desconfianza— que me alejan de mi esencia.

La valentía es mi actitud de vida.

Confío en la protección divina.

Todo lo que me sucede es perfecto y correcto.

Capítulo 7. Me alejo del amor: el ego y sus disfraces

Podemos hacer nuestras relaciones miserables, o abundantes.
El esfuerzo que pones es del mismo tamaño.
—Anónimo—

Todas las parejas atravesamos momentos de tensión —producto del conocernos en la convivencia— que muchas veces nos llevan a una profunda desconexión y crisis.

La desconexión tiene diferentes formas, pero un común denominador: nuestros pensamientos y emociones cuando no vemos la salida son de insatisfacción, frustración y desesperanza.

«Así no podemos seguir», «No le encuentro la vuelta, ya hemos intentado, pero no podemos hacer que la relación funcione», «Esta relación es un error desde el principio, ya no hay vuelta atrás».

La desconexión es sinónimo de distanciamiento, tanto que muchas veces nos da la sensación de que ya no conocemos a quién está a nuestro lado.

Hay pensamientos que te alejan de una práctica de amor saludable. Hay pensamientos desde los que creas la desconexión. Te distancias de la posibilidad de amar y de tu par.

La salud de la pareja comienza a deteriorarse cuando a menudo te encuentras con este tipo de pensamientos —el ego en acción— y que por supuesto guían tu accionar.

Habla el *ego*

Dice: «*Él siempre fue así, no va a cambiar*».

Tremenda declaración, un pensamiento casi condenatorio y extremadamente limitante. Sobre todo, si te sirve para justificar comportamientos negativos propios o de tu par.

«Él o ella siempre fue así, no va a cambiar». Frase que tengo muy bien integrada porque la escuché hasta el cansancio en mi familia materna. Siempre usada para justificar comportamientos, generalmente limitantes o inapropiados, con un dejo de tristeza, resignación y aceptación innegociables. Mensaje desalentador si los hay.

Hagamos un ejercicio para evitar que, en tu propia vida, hagas este tipo de declaraciones.

Si ahora te miras a ti misma y piensas en cómo eras a los 20 años, a los 30, a los 40 o cómo eres hoy con la edad que tienes, ¿a qué conclusión arribas? ¿eres hoy igual que cuando tenías 20 años? ¿Qué aspectos de tu personalidad has ido modificando en estos años? ¿Cómo has ido desarrollando tu carácter? ¿Qué ha sucedido con tu pareja?

Si crees que tu pareja siempre fue así y no va a cambiar, te estás vinculando con una imagen de otro tiempo, y no con tu *pareja de carne y hueso*.

Tal vez con recuerdos o comportamientos que tú o tu pareja han justificado para tapar faltas.

¿Eres el presente de tu pareja? ¿Tu pareja es tú presente?¿O sigues obsesionada con imágenes del pasado? A quién le haces tus declaraciones, pedidos o confesiones, ¿a tu pareja de hoy o a la que fue ayer desde tu imaginario? La única constante en la vida de las personas y en las relaciones es el *cambio*.

Por lo tanto, evita este tipo de declaraciones que producen —en tu pensamiento y realidad— estancamiento, limitaciones, y que desde *el ego* no hacen más que tapar las faltas para eludir responsabilidades y compromiso.

Dice: *«No puedo lograr que mi pareja cambie».*

Y no acepto que se haga su voluntad, quiero que se haga *mi voluntad*. Suena lógico en verdad. Eso es todo lo que hemos intentado en algún momento de la relación y, en igual medida, también hemos fallado.

Quiero que mi pareja sea como yo quiero, a mi antojo, a mi medida, a mi gusto. Me resulta inaceptable amarla como es. Después de todo, asumo también la responsabilidad de mi elección.

Este intento desesperado de que el otro cambie y se ajuste a mis gustos y expectativas me recuerda al cuento del rey que caminaba por un pueblo rocoso, hasta que se enfadó y dijo: *«quiero que maten a todas las vacas y que alfombren todo el pueblo»*. Pronto se juntaron los sabios del lugar y le dijeron: *«muy bien, rey, tenemos que matar diez mil vacas, curtir todo el cuero y en diez años tendremos alfombrado todo el reino para que nuestro rey no se lastime»*. Y vino un bufón que le pidió permiso para decir algo y el rey accedió: *«¿por qué no matan una vaca, le sacan el cuero y le hacen unos zapatos?»* Eso hicieron. Y así el rey aprendió que era mejor cambiar uno mismo que tratar de cambiar a todo el pueblo.

Esta es de las principales lecciones que he aprendido en mi relación de pareja: si quiero tener una relación diferente, empiezo por ser una pareja diferente.

Empiezo por ser ese cambio que quiero ver afuera: si quiero buen trato, trato de buena manera. Si quiero que me respeten, empiezo por respetar. Si quiero confiar, me vuelo día a día confiable.

Y aún sin garantías de que vuelvan cosas similares a lo que doy, actúo con la certeza de que puedo inspirar a mi pareja para que se comporte diferente.

De ahora en adelante asegura tu propio cambio, ya que es el único posible. Y ten presente que tu pareja seguramente hará cambios a lo largo de su vida, pero que esos cambios no dependen de tus motivos y voluntad, sino de la propia.

De ahora en adelante, cada vez que te encuentres pensando ¿por qué actúa de esa manera?, pregúntate ¿cómo es mi accionar en las mismas situaciones? Si descubres una diferencia, sigue inspirando con tu acción y en silencio.

Una buena medida para saber si lo estamos haciendo bien consiste en exigirse mucho a uno mismo y esperar poco de los demás.

Generalmente las personas solemos obrar a la inversa.

Acepta a tu pareja como es y no te centres en que cambiarla es la solución.

Y en este punto, hay una expresión que dice *«dime qué te molesta y te diré que tienes que cambiar»*.

Recuerda que, siguiendo la ley del espejo, todo lo que te molesta que tu pareja haga, es un llamado a revisar qué hay tu interior y que merece atención especial.

Cuando dejo de buscar las culpas en el otro, me hago responsable de mis emociones negativas, aprovecho el mensaje que viene y tengo opción de crecimiento.

Si el otro me hace enojar, si el otro me genera ansiedad, si el otro me ha puesto triste, me ha invitado cordialmente a que revise partes de mí que necesitan ser sanadas o al menos comprendidas.

Dice: «Ya no me quiere como antes y tampoco lo quiero como antes».

Tenemos una idea bien romántica y hasta infantil del amor. Ya leíste en los primeros capítulos, cómo funciona el amor desde la química en los orígenes de las relaciones y también cómo se transforma al integrar nuevas experiencias a partir de la convivencia.

También aceptaste que luego de tanto cine romántico, se nos ha quedado grabada la idea de un amor que va a ser siempre igual, sin cambios, con la misma intensidad de los primeros tiempos y jamás ligado a los estamos de ánimo como absolutamente todos los sentimientos y, mucho menos, a las decisiones —la parte de la voluntad— que tomemos. ¿Malas noticias? Depende de tu perspectiva.

Seguramente tu pareja ya no te quiera como antes y, probablemente, a ti te sucede lo mismo. ¡Enhorabuena! ¡Está bien que así sea!

Has vivido un amor químico y, sin duda, hoy vives un amor más consciente, compasivo e inteligente. La clave es que no uses esta expresión para justificar que no te satisface la relación que tienes.

Si no estás satisfecha/o, ese es un buen punto de partida para llevarla a un mejor lugar y transformarla en un vínculo extraordinario, pero siempre de la mano de buenos pensamientos y acciones orientadas a tal fin.

Está claro que esta expresión del ego también nos sirve para tapar faltas, pero nos carga de pesimismo, mediocridad e insatisfacción, ya que el amor —sentimiento y voluntad— va madurando junto con la relación de pareja.

Aceptamos el cambio y los ciclos en casi todos los órdenes de la vida: en la naturaleza, en el aspecto físico, hasta en los negocios, pero nos negamos a ver que, en el amor y en la relación, los cambios son la única constante.

Dice: «Mejor hago silencio para evitar discusiones».

Callar no siempre es beneficioso, no siempre ayuda a evitar discusiones; todo lo contrario, si acumulamos ira y vamos guardando en una libreta invisible los reclamos que haremos a futuro.

Callar no siempre es bien intencionado. Hay momentos en la relación en que producto de acumular enojos y cosas no dichas, usamos el silencio para manipular y ofender.

Tal vez te identifiques en alguna de estas formas, ya sea que tú, tu pareja o ambos, usen este mecanismo:

- Te dicen algo importante y lo ignoras o tu pareja pregunta algo necesario y haces silencio, como si no escucharas.
- Necesitas expresar lo que sientes u opinas y como forma de evitar respuestas, tu pareja te quita el habla —o haces tú esto con tu pareja —.
- En medio de una discusión le quitas el habla a tu pareja para evitar que la conversación avance. En algunos casos y sobre todo si se vuelve un mecanismo de comunicación habitual, la angustia que provoca el silencio, hará olvidar el propósito de la conversación.

- **Pides explicaciones sobre algún comportamiento y para evitar explicar, tu pareja te quita el habla.**

- **Si tu pareja no hace lo que quieres le dejas de hablar hasta que lo haga.**

El silencio aquí se convierte en una forma de castigo que genera estrés, ansiedad e invalidación.

No evitas discusiones, y si lo haces, las pospones, acumulas rencor, resentimiento, tristeza y no resuelves el conflicto sobre el que debías hablar.

Identificar este patrón nocivo, es una buena forma de comenzar para recuperar la salud y el bienestar en tu relación. Y revertir este patrón si estás en este punto, es sumamente necesario.

El silencio de días, intencional, con espíritu de ofensa, de manipulación, de capricho, genera mucho daño en la relación. Esta forma de vincularse es muy dañina, violenta y dolorosa, porque incluso puede llevarte a que pierdas el deseo de comunicarte, a reprimir tus gustos y emociones, a callar tu voz —y lo mismo puede sucederle a tu pareja—.

Hay un tipo de silencio que sí es valioso en la comunicación entre los miembros de la pareja y es válido cuando quiero ordenar mi cabeza y frenar alguna discusión, o esperar que alguna molestia pase. Se trata de evitar hablar *en caliente* o cuando estoy con mucho enojo.

Si me siento presa de alguna emocionalidad intensa —enojo, frustración, ira— y en el ejercicio de la buena comunicación, es bueno dar aviso y decir *«necesito un espacio de silencio y cuando me sienta en condiciones de hablar, vamos a hacerlo»*. Ese silencio puede evitar que hables con insultos y expresiones desacertadas que luego no querrás haber dicho.

Callar no siempre debe ser *la norma*, sobre todo cuando callar por temor es una forma de insanidad.

A veces el silencio es el costo alto que pagamos las mujeres para que no nos dejen —temor a la soledad— o para sostener una relación insana que ya no se sostiene —temor a la represalia o violencia—.

Dice: «*Lo conozco como la palma de la mano en cambio para él soy una extraña; no sabe lo que siento, quiero y necesito*».

Si tienes esta percepción, algo has olvidado en el camino; seguramente, has olvidado expresar lo que necesitas, quieres o sientes. Probablemente has dado *por supuesto* que tu pareja va a entender tus necesidades sin que las expreses. Lo mejor es hablar en lugar de suponer.

Hablar directo, simple y claro; sin vueltas, sin rodeos, sin medias tintas, sin sarcasmo. Con la verdad, sin disfrazar tus emociones y necesidades. Hablar hasta que el otro comprenda, y si hay malentendidos, volver a hablar.

Evita levantar muros; habla con sinceridad y firmeza. Cada día en pareja es una maravillosa oportunidad para crear puentes en vez de construir muros.

Y siempre tengo a mano, para liberar al ego de las especulaciones y otros fantasmas, esta frase de *Suzanne Powell*[6]: «*No te enojes. A veces el otro no entiende. Lo explicaste mil veces, pero no lo ve. No es tonto. No es malo. No es indiferente. Es otro*».

Dice: «*Siento que ya no deseamos lo mismo —somos muy diferentes— en esta relación*».

¡Probablemente eso siempre fue así!, quizás ahora lo descubres.

Nunca fue un problema tener gustos diferentes o querer cosas diferentes. Mi esposo y yo tenemos gustos muy diferentes respecto a casi todo, y eso no nos distancia.

---

[6] **Nota de la autora:** Suzanne Powell (1963 – 2021) es una escritora de origen irlandés que promovía la filosofía *zen* el mundo occidental. Entre su prolífica bibliografía figuran títulos como *Conexión con el alma*, *Atrévete a ser tu maestro*, *Vivir en paz, morir en paz*, entre otros.

Él ama la soledad y pasar tiempo consigo, yo amo el contacto social y las reuniones. Disfruta hacer deportes en equipo, yo elijo las caminatas y el yoga. Ha desarrollado gran habilidad para hacer negocios, yo he desarrollado gran habilidad para las relaciones sociales y los vínculos.

Ambos nos reconocemos y aceptamos diferentes; y, desde eso que cada uno quiere y valora, nos ponemos de acuerdo. Encontramos la manera de que eso, nos haga sentir seguros y confiados cuando es respetado. En ese punto nos complementamos y nos enriquecemos.

También es cierto que tenemos muchos puntos en común y cuando comenzamos a notar diferencias que a simple vista parecen *irreconciliables*, acercamos posiciones a través del diálogo.

Generalmente eliminamos la "o" cuando queremos crecer. Esto es, cuando yo expreso mi punto de vista, mi esposo intenta comprenderlo y en lugar de decir, esto "o" lo otro, integra mi visión de las cosas a la suya con un simple "y" (también yo uso este mecanismo). Es esto "y" también esto otro.

Antes de juzgar si vuestros puntos de vista, deseos y pretensiones difieren tal como supones, mejor tomar papel y lápiz y expresarlos para resaltar lo común —desde donde se edifica— y lo diferente —desde donde también se edifica—.

Dice: *«Ya no nos ponemos de acuerdo en nada y vivimos de conflicto en conflicto».*

A esta altura, ya sea que tengas o tuviste pareja, ya sea que viste a tus padres convivir, ya sea que leíste algo sobre relaciones o un poco de todo esto, habrás comprendido que las dificultades son parte integral en esto que se llama vida y vida de relación.

A veces incluso, escucho justificaciones del tipo; vos tuviste suerte con tu pareja, yo sin embargo que casé con la persona equivocada.

¡No, no y no! No existen las parejas ideales —o en todo caso sí, aunque sólo en las ideas, programas de TV o telenovelas—

Existen ideas con las que nos fuimos haciendo, y son esas ideas las que nos dan el puntapié para juzgar si mi pareja es *adecuada* para mí o no.

He atravesado intensas crisis en la relación con mi pareja y también ha venido a mí el pensamiento de que *el pasto del vecino es más verde o que el otro tiene eso que yo no alcanzo* y créeme es agotador y angustiante.

Lo que vivo en mi día a día mejora notoriamente cuando decido disfrutar y agradecer lo que hay, en lugar de sufrir por una ilusión o por lo que falta.

Aprendí a mirar el medio vaso lleno y entendí que los conflictos o los desafíos que se nos presentan son la puerta de entrada para nuevas soluciones y para el crecimiento individual y mutuo.

No dejes que la indiferencia, el rencor y los problemas del día a día queden sin resolver y se vuelvan luego una bola de nieve.

Dicen que los problemas nunca vienen solos, llegan acompañados de grandes bendiciones. Y esas bendiciones siempre tienen que ver con poner a prueba nuestra fe, con sumar sabiduría y entendimiento, y con fortalecer nuestro amor.

Acordar la manera de abordar la solución de un problema nos ubica en una posición ventajosa. Urge ponernos de acuerdo sin invalidarnos.

Y urge entender la raíz de los desacuerdos, donde antes había armonía y entendimiento.

¿Con quién estoy librando una batalla? ¿De dónde viene la necesidad de querer tener razón? ¿Esta lucha me quita o me da paz? ¿Cuál es la raíz de tanto enojo y desacuerdo?

Dice: «*No podemos hablar sin gritar*».

Algunas parejas viven su relación haciendo de ella un *tarro de residuos*. Día a día acumulan las frustraciones, los enojos, incluso los problemas ajenos a la relación; todo lo que no sirve, en lugar de descartarse, va a parar allí. Algunas veces, es tanta la carga tóxica, que sale a la luz en forma de gritos, insultos, amenazas, juicios. Dolor, bronca, incomprensión, frustración, enojo, tristeza, soledad, todos esos sentimientos son válidos, pero pierden poder si salen a la luz en forma de gritos o amenaza.

He gritado muchas veces y mi mensaje —valioso y poderoso— no ha sido escuchado. He sentido muchas veces que lo que tenía que decir no llegaba a buen puerto. Me he desesperado con la sensación de que no me escuchan y por lo tanto tengo que gritar, más y más fuerte. Me he rendido ante la posibilidad de que el otro entienda cuando grito o amenazo. He recibido más gritos, más silencio, más distanciamiento, más dolor...

Necesité descubrir mejores formas, para no tener que gritar nunca más y sentirme escuchada, respetada, valorada, amada.

Cuenta una historia tibetana, que:

«Un día un viejo sabio preguntó a sus seguidores lo siguiente: —¿Por qué la gente se grita cuando están enojados?

Los hombres pensaron unos momentos: —Porque perdemos la calma dijo uno, por eso gritamos.

—Pero ¿por qué gritar cuando la otra persona está a tu lado? —preguntó el sabio—

¿No es posible hablarle en voz baja? ¿Por qué gritas a una persona cuando estás enojado?

Los hombres dieron algunas otras respuestas, pero ninguna de ellas satisfacía al sabio. Finalmente él explicó: —Cuando dos personas están enojadas, sus corazones se alejan mucho. Para cubrir esa distancia deben gritar, para poder escucharse. Mientras más enojados estén, más fuerte tendrán que gritar para escucharse uno a otro a través de esa gran distancia. ¿Qué sucede cuando dos personas se enamoran? Ellos no se gritan, sino que se hablan suavemente ¿por qué? sus corazones están muy cerca. La distancia entre ellos es muy pequeña.

El sabio sonrió y dijo: —Cuando se enamoran aún más, ¿qué sucede? No hablan, sólo susurran y se vuelven aún más cerca en su amor. Finalmente, no necesitan siquiera susurrar, sólo se miran y eso es todo. Así es cuan cerca están dos personas cuando se aman.

Luego dijo: —Cuando discutan no dejen que sus corazones se alejen, no digan palabras que los distancien más, puede llegar un día en que la distancia sea tanta que no encuentren más el camino de regreso».

Dice: «*Yo tengo razón, tú estás equivocado*».

Tamaña declaración del ego. ¿Qué sucede si ambos piensan de la misma manera? *«Yo tengo razón, tú estás equivocado»*, de seguro comienza *la guerra de egos*. Y esta trampa mortal termina con la posibilidad de aprender de mi pareja —y de sus razones—, agota la posibilidad de entender que dos cabezas piensan y deciden mejor que una.

A menudo esta frase se usa para expresar que tenemos una mejor visión de los hechos, que lo que pensamos es más acertado o incluso que nuestras razones son las válidas para comprender el problema. Sin embargo, omitimos la parte de que cada uno de nosotros tiene razones para explicar una situación y todas esas razones pueden ser válidas e incluso pueden aportar un diverso enfoque para mirar el problema.

El problema se presenta cuando desde el ego, y presentando mis razones como las únicas, posibles y válidas, libro una batalla con mi pareja para mostrar quién tiene más razón.

Y nos estacionamos en esa parada: la de la lucha de egos por querer tener la razón y ver quién gana la pelea. Lo que perdemos de vista es que cuando bajamos del ring, no hay vencedores ni vencidos, bajamos con angustia, desgaste y muchas veces sin soluciones acordadas: esto es, ambos perdemos.

Tengo un amigo que, con un dejo de frustración disfrazado de humor, siempre me dice: *«es que yo me casé con Doña Tengo Razón, sólo que no sabía que su segundo apellido era Siempre»*. Los acuerdos nos fortalecen, mientras que la batalla por las mejores razones nos debilita. Y termina siendo una guerra de egos, donde perdemos la capacidad de raciocinio, la paz y la empatía —que es la capacidad de *ponernos en los zapatos del otro* para entender sus razones—.

Otra variante muy común del ego y su batalla por tener la razón es cuando creemos que sabemos, mejor que nadie, lo que le sucede a nuestra pareja; incluso mejor que ella misma.

Durante algunos momentos de mi relación, me he encontrado pensando *«yo sé mejor lo que a mi pareja le sucede, siente, piensa y quiere, de lo que él mismo sabe, y sé mejor que él cómo resolver esa situación»*. Siempre, siempre, siempre vamos a tener la falsa idea de que, si tuviéramos los problemas que tiene el otro, ya los hubiéramos resuelto. Es mucho más fácil entender la vida de la otra persona que la de uno mismo, siempre. Y por eso nos volvemos expertos *opinólogos* en la vida de nuestra pareja, amistades, familia, barrio.

Si el ego te pone en ese lugar no caigas en la trampa de la arrogancia y no le quites al otro su capacidad de pensar, decidir y actuar por sí mismo. Y como dice

Wayne Dyer[7]: «Al momento de dormir, en la visión de la noche, cuando el sueño profundo cae sobre nuestro ser, mientras este yace en su cama, Dios abre tus oídos y sella sus instrucciones. Aprendamos a rendirnos. Aprendamos a escuchar que cuando las razones no son suficientes —casi nunca— Él hablará a través de tu espíritu».

Dice: «Siento que pusimos a la relación en piloto automático, en modo supervivencia».

Suceden en este aspecto dos cosas que quiero remarcar; por un lado, poner a la relación en piloto automático o en modo supervivencia puede producir aburrimiento, cansancio y desgaste.

Por otro lado, puede suceder que caigas en los extremos, o normalices el malestar en un momento —esto es; nos habituamos a vivir con malestar— o te vayas al otro extremo de idealizar el bienestar —y suponer que, si tuvieras otra pareja sería diferente, o que otras parejas que conoces— sólo viven momentos felices.

---

[7] **Nota de la autora:** Wayne Dyer (1940 – 2015) fue un psicólogo y escritor estadounidense. Entre sus muchas obras, se destaca *Tus zonas erróneas (1976); Tus Zonas Mágicas; Tus zonas sagradas; El poder de la intensión; Camino de la perfección y Construye tu destino*, por mencionar algunos.

Poner a la pareja en *piloto automático* es dejar que la manejen las circunstancias, los terceros, las rutinas. Si cedes el poder de tu relación a otros, pronto perderás el dominio y la responsabilidad de hacer que tu relación crezca.

¿Acaso quieres una relación que sólo sobreviva al paso del tiempo? ¿Te resignas a vivir una relación a medias, desgastada y sin propósito? ¿Te sientes merecedora de felicidad, plenitud y abundancia?

Hay todo un universo de cosas maravillosas esperando por ti. Sólo tienes que abandonar el piloto automático e ir por lo que mereces.

Dice: «No voy a perdonar lo que me hizo, me lo va a pagar».

En algún momento de la relación, te has equivocado y seguramente tu pareja también. *«El que no tenga pecado que arroje la primera piedra»(Juan 8:1-11).*

Tienes que saber que es inevitable resultar heridos por las personas que amamos, ¿de quién más podrías sentir falla o traición? Sentir *dolor* es natural luego de algún engaño o traición —y no hablamos sólo de infidelidad—.

Lo que no es natural es el *sufrimiento*; eso sí que es opcional. Decides sufrir, cuando traes tu dolor para revivirlo, para *re-sentirlo*. Lo traes con tu memoria, de la única manera que puedes y, por lo tanto, estás presa de esa decisión y emocionalidad. Ya no es dolor; ya lloraste, te enojaste, peleaste con la realidad; ya te rompiste. Ahora desde el *ego* convertiste el dolor en sufrimiento y este se quedará contigo hasta que decidas lo contrario. En este momento, es cuando necesitas repararte y, aquí, habita el perdón: es tu mejor oportunidad.

El *perdón* se vuelve una necesidad primaria —como el aire que respiras— de salud mental, espiritual y física para quien perdona y para el bienestar de la relación.

Las personas cometemos errores y si los asumimos con responsabilidad y con la intención de enmienda, el perdón es una vía posible para sanar y crecer en el amor.

¿Alguna vez en medio del dolor has pensado «¡que lo perdone Dios!»? Tengo una gran noticia para ti, el salmo 82 de la Biblia dice: «*Sois Dioses, pero lo habéis olvidado*».

La invitación a perdonar y sanar está hecha, desde tu naturaleza humana y divina. El perdón sana, reconforta, salva y libera, mientras que el resentimiento aturde, enferma y condena. Y si decides perdonar, debes saber que ninguna herida puede sanar si volvemos, intencionalmente, a señalarla con el dedo acusador, con reproches y resentimiento.

Los sentimientos de venganza enferman, por lo tanto, el ego, está jugando muy contrario a tu buena salud y larga vida. Desafíalo porque te mantiene enferma y presa del resentimiento, la amargura y el odio.

Perdona para sanarte. Lo mereces.

Dice: «*Tengo que fingir estar todo el tiempo bien y eso me agota*».

Si te encuentras pensando esto, te has desconectado, de ti en primer lugar y de tu pareja luego. ¿Qué traje te has puesto? ¿El de mamá *superwoman*, el de esposa obediente, el de trabajadora incansable, el de jefa del hogar?

El día que descubres que nada es suficiente te rompes, te liberas y creces; mientras tanto, respondes por *pura demanda*.

«Aprende a cocinar para que tu esposo no te deje, mantén la casa ordenada para que no se vaya, hazlo bien para que tu esposo siga contigo. Cuida de tus hijos porque ese es tu deber y responsabilidad. Y a los hombres también les toca responder por demanda muchas veces —siempre proveer dinero, siempre querer tener sexo, jamás quejarse, jamás llorar—». Ambos estamos definidos por expectativas sociales y roles incuestionables, la pregunta es, ¿los hacemos conscientes? ¿Los ponemos arriba de la mesa de discusiones? ¿O los aceptamos sin cues-

tionamiento, en silencio, con pesar y resignación? Sincerar esto, es un buen punto de partida para ganar salud en la relación.

No necesitas fingir que siempre está todo bien; no necesitas fingir algo que no sientes o eres.

«Hablemos: no puedo con esto, pero sí con esto otro». Esto es, hablar y negociar esto que esperamos de nosotros, del otro y de la relación. Es agotador y frustrante querer jugar, durante todo momento, el papel que otros pretenden. Y, sobre todo, en tiempos de crisis; dan muchas ganas de mostrarse de una manera diferente, desaparecer, abandonar el barco. Sincerar posiciones a través del diálogo libera y es una verdadera oportunidad que tu elección sea consciente, decidida y sujeta a cambio.

Dice: «Me siento sola a pesar de estar en pareja».

Si sientes eso, puedes abordar tu sentir desde dos lugares.

1. Sientes un vacío existencial

Si sientes un hueco vital que se entremezcla con insatisfacción y pérdida de sentido, estamos hablando de que nada puede hacer tu pareja para que te sientas acompañada.

Si al sentimiento de no saber qué hacer con tu vida —propósito— se le suma la frustración de sentir que no has logrado lo que deseas, la soledad no puede ser abordada por nadie más que tú misma.

Ocúpate de estos sentimientos hasta que llegues al punto de disfrutar de la soledad, de tu propia compañía y de querer compartir tu vida con tu par, aunque ya no lo necesites.

2. *Sientes distancia y enfriamiento entre tú y tu pareja*

Hay una frase de *Robin Williams* que merece ser citada en este momento de la lectura: «*Solía pensar que la peor cosa en la vida era terminar solo. No lo es. La peor cosa es terminar con alguien que te hace sentir solo*».

Quizás este sea el punto más doloroso de la desconexión emocional, el hecho de sentirse sólo en la relación de pareja. Cuando nos distanciamos del otro hasta el punto de sentir soledad, la relación deja de tener sentido.

¿Es este un lugar de no retorno? En absoluto, no lo es.

Si el distanciamiento viene de la mano de la indiferencia, de quitar importancia a las costumbres o rituales que antes teníamos y de los que disfrutábamos; de olvidar los detalles cotidianos por cosas más importantes que hacer, de oír al otro, pero no escuchar lo que nos dice; de dejarse llevar por la rutina —que muchas veces aburre y desgasta— sin proponer variantes, volver a sentirnos cerca y conectados, es cuestión de incluir en nuestro plan acciones inversas.

Sentirnos a solas en nuestra pareja puede llevarnos a un estado de ansiedad y depresión, peligrosos para nuestra salud. Las rutinas son necesarias. Pero hay épocas en que se tornan tan mecánicas que aburren y desgastan la relación. El trabajo, las obligaciones, los hijos... ¿y la pareja para cuándo?

Hasta el poco tiempo para conversar de manera rutinaria y administrativa, erosiona el cariño y la intimidad. Y recuerda que, en una relación de pareja, *los pasos que no das también dejan huella.*

Ahora te toca a ti:

¿En qué momentos dejas que el ego gane la batalla?

 DECRETOS

Yo soy amor.

Acepto los cambios, celebro los cambios.

Bendigo (bien digo) este amor renovado.

Te amo como eres.

Te hablo y escucho con respeto.

Me enriquezco contigo.

Amo mi presente, celebro nuestra historia y bendigo nuestro futuro.

Somos una pareja vieja, unida en un amor nuevo.

Los aciertos me enseñan, los errores me aleccionan.

En mitad del camino me transformo.

Capítulo 8. Me desconecto del presente: *«si yo hubiese o mi pareja debería»*

> *Cuando descansas en el «si yo hubiera»,*
> *no cambias el pasado, ni vives el presente.*
> —Anónimo—

Cuando quieras viajar en el tiempo, e ir al pasado sin moverte de tu lugar, puedes usar este recurso: *«si yo hubiera…»*. Es bien simple, pero poco efectivo.

Expresiones como esta, te invitan a desconectarte del presente y pronto caes en la trampa. Vas con tu pensamiento a un tiempo irreal, deseando desde el momento actual, que el pasado no fuera tal como fue, aunque eso es imposible. Es por lo menos frustrante mantenerte en esta posición ilusoria.

El día en que lo descubres, te liberas. Das un salto al vacío para empezar una nueva relación con tu pareja; ya no te permites la desconexión.

Hasta aquí has vivido en un tiempo irreal; has estado presa de lamentos y especulaciones: has permitido que *te roben la dicha de vivir en pareja*.

Le has dado espacio a dos expresiones que se llevaron tu alegría: «*Si yo hubiese . . .*»; «*Mi pareja debería . . .*»

Esto compromete tu futuro. Pero sobre todas las cosas mata tu presente, tu posibilidad diaria de amar como mereces.

Es precisamente así que, como sobrevivientes, nos alejamos de la alegría, el bienestar y la salud reforzando estas expresiones.

Ensayemos:

«Si yo hubiese elegido una mejor pareja, seguido con mi novio de la secundaria, elegido la soledad, apurado la decisión de la convivencia, tenido la valentía de esperar un poco, decidido no tener hijos, decidido tener más hijos, elegido cambiar mi lugar de residencia, elegido otra profesión, decidido vivir lejos de mis padres, sabido eso antes, pensado mejor esa decisión...».

Puedes seguir con las especulaciones, incluso, ensayar a continuación escenarios posibles; cuáles hubieran sido los resultados de *si yo hubiese...*

Pero es sólo eso, pura especulación que te roba energía y alegría; tu presente es como es, producto de las decisiones que tomaste en el pasado.

Puedes ensayar opciones con *mi pareja debería....*

«Mi pareja debería haber sido más amoroso, haberme respetado, haber conocido las reglas del juego, haber tomado mejores decisiones laborales, haber actuado de otra manera con mi suegra, haber conseguido ese empleo, haber comprado una casa más amplia, haberme prestado más atención, haberme escuchado más, haber ayudado cuando los niños eran pequeños».

Puros intentos de imaginar escenarios posibles para evitar hacernos cargo de este presente que sí es una resultante de decisiones pasadas.

Dos expresiones que nos quitan la paz y la conexión con el presente; que nos hacen vivir una especie de *infierno emocional*, del que no tenemos control, excepto que abandonemos estas mismas expresiones.

Dos alocuciones que enmascaran nuestra tibieza para decidir hacer las cosas mejor, siempre a partir de este presente, no de las especulaciones de lo que hubiera podido ser, pero nunca fue.

La buena noticia cuando identificamos estos patrones es que: como eres parte de una pareja, cuando tienes un problema, eres parte del problema. Y si eres parte del problema, puedes decidir y accionar para ser parte de la solución.

Y parte de la solución es amigarte con tu realidad y desprenderte de estas expresiones que no hacen más que restar energías y llenarte de molestas especulaciones sin sentido.

Ahora sí conéctate con tu presente, de manera amigable, que sea con la plena certeza de que esto que estás cosechando viene de las semillas que sembraste tiempo atrás. Desde esa convicción, agradece lo que ves y vives, pero si eso no es del todo agradable para ti, ocúpate de las semillas que vas a sembrar hoy mismo y que vas a cosechar a futuro.

 **Ahora te toca a ti:**

¿Cómo has vivido la desconexión contigo y tu pareja?

¿Qué disfraz usa tu ego para distraerte de amar?

¿Cuál ha sido tu mayor aprendizaje con esta segunda parte del libro?

 **DECRETOS**

Yo soy amor.

Encuentro siempre soluciones

a los problemas.

Soy más grande que

cualquier problema.

Acepto las lecciones aprendidas.

Soy consciente de mi responsabilidad en hacer que las cosas sucedan.

Perdono, me libero y te libero.

Te amo con pasión y compasión.

Celebro nuestra amistad.

Confío en que juntos,

somos mejores individuos.

III. Conecto conmigo, contigo y con nosotros

No puedo hacer nada por ti, excepto trabajar en mí. Tú no puedes hacer nada por mí más que trabajar en ti.
—Ram Dass —

No tenía miedo a las dificultades: lo que la asustaba era la obligación de tener que escoger un camino. Escoger un camino significaba abandonar otros.
—Paulo Coelho—

Ojalá tengamos el coraje de estar solos, y la valentía de arriesgarnos a estar juntos.
—Eduardo Galeano—

Capítulo 9. Te amo: el lado consciente del amor

La calidad de nuestras relaciones determina la calidad de nuestra vida.

—Esther Perel—

Me gusta pensar en las relaciones extraordinarias que crean parejas ordinarias, comunes, simples, poderosas, sin fama. En esas que, en el silencio, día a día, cambian el mundo, transformando su relación y siendo en pareja mejores seres humanos.

Disfruto cuando descubro alguna razón nueva para entender el éxito en las relaciones que gestamos y construimos a diario.

A esta altura y viendo la relación de mis amados padres, por ejemplo, entiendo que el éxito no viene dado por vivir toda la vida juntos hasta llegar a la muerte. Y que, en muchos casos, este hecho no llega de la mano de una vida caracterizada por una relación plena, de confianza, respeto y generosidad; de proyectos compartidos y crecimiento individual mutuos. Por eso la calidad del viaje me muestra más que la distancia recorrida, si al éxito me refiero.

Hoy miro mi relación de pareja con mayor consciencia y entiendo algo que quiero compartirte: *sin duda, el trabajo más importante que harás en tu vida está dentro de las paredes de tu propia casa.* He aprendido a contemplar los claroscuros de nuestro amor como parte del aprendizaje mutuo.

Descubrí hace tiempo que, si quería una vida de calidad, tenía que trabajar para que mis relaciones —y principalmente la que tengo conmigo y con mi pareja— fueran de *calidad extraordinaria.* Cuando hice consciente esta parte de voluntad que tiene el amor de pareja, acorté todos los caminos. Claro que tomé algunos atajos que quiero compartir contigo; transformé mi amor, cuando entendí que merecía hacer algunos cambios.

Hacer siempre lo mismo esperando resultados diferentes es cosa de necios

Este principio tan simple me guio para ver los primeros cambios. No puedo asegurar que, atravesando la peor crisis en pareja, haya hecho todo mal, pero, efectivamente, debía cambiar mi atención, mi energía y mis acciones porque los resultados que veía eran desalentadores.

Mi relación se encontraba al borde del abismo y el impacto que tenía en la vida de nuestros hijos era para mi frustrante. Eso hice: dejé de hacer lo mismo —y, sobre todo— abandoné la fantasía de que, si seguía por ese camino, las cosas iban a cambiar y mi relación iba a mejorar.

En las primeras semanas y meses, empecé a ver cambios mutuos en el trato, en el diálogo, en la intimidad. Tomé nota de lo que funcionaba y de lo que no; hice, revisé, leí, estudié, medité, oré, ensayé, me dejé guiar. Elegí regirme por la secuencia *acción, entendimiento, determinación, acción.*

Por momentos se hizo intenso, difícil. Sin embargo, siempre hubo claridad en un punto: tener acciones orientadas a lograr que el vínculo se repare, se fortalezca, se vuelva extraordinario. Así que mi invitación es a que te detengas y observes tu realidad de pareja; que revises tus pensamientos, emociones, y acciones.

Luego de eso, mereces entender que, si sigues haciendo a diario exactamente eso que tanto malestar te genera, los resultados que pretendes nunca van a llegar.

La ausencia de bienestar en tu relación es tu perfecto aliado para que decidas actuar en otra dirección, porque no hacer cambios va a perpetuar el malestar y a acentuar la crisis.

Tener una relación basada en el apego seguro, es una prioridad

Había leído muchas veces que aquellos adultos que logran un tipo de *apego seguro* tienden a tener una visión más positiva de sí mismos y de sus relaciones, ganan confianza, aceptación y establecen vínculos basados en el respeto mutuos. Sin embargo, no entendía del todo cómo traducir eso a mi vida de pareja, sin caer en la dependencia y resguardando mi individualidad, pero construyendo un vínculo que fuera un lugar seguro para ambos.

Quería lograr ese tipo de apego que te invita a ser capaz de estar lejos de tu pareja sin sentir incomodidad y a estar cerca de ella sin sentir que te asfixias. Es de la clase que te invita a confiar que no te van a abandonar ni a hacer daño, porque parte del principio de que tú no lo vas a hacer contigo misma ni con tu pareja.

Este tipo de apego emocional se distancia de la sumisión, la cercanía tóxica y abusiva, la dependencia obsesiva y la necesidad permanente de aprobación de la pareja, así como de la excesiva sensibilidad al rechazo.

El apego seguro tiene como base la confianza; lograrlo con tu pareja, va a redundar en beneficio para ambos, respecto de la intimidad que vivan, de la búsqueda de apoyo mutuo, de la validación de los sentimientos propios y de tu pareja, y de la capacidad para fortalecer el vínculo y hacerlo duradero.

Elegir el equipaje adecuado a cada estación y viajar liviano

Amo viajar; es una de mis mayores motivaciones y siempre me veo planificando, proponiendo o armando viajes. Cualquier situación que se me presenta es una buena excusa para hacerlo. Y lo más lindo de todo es que comparto esa afición con mi esposo.

Hasta el momento hemos viajado con todo tipo de equipaje, sin embargo, los últimos cambios en las políticas de las aerolíneas respecto del equipaje permitido, nos ha puesto en la encrucijada de tomar una importante decisión: viajar *livianos* resulta necesario y conveniente. Y te explico por qué: reduces tus costos, eliminas el tiempo de espera de equipaje cuando llegas a destino, puedes moverte con mayor agilidad si tienes menos bultos —o más livianos—, puedes utilizar todo tipo de transporte a lo largo de tu itinerario, y te obligas a aprender a mirar el pronóstico del tiempo para tomar las mejores decisiones de antemano. Sin dudas viajar livianos es la mejor opción.

Y para muchas parejas, que quieren vivir relaciones saludables, viajar livianos es una *nueva moda* y la opción más satisfactoria. ¿Y qué significa para la relación viajar livianos? Liberarme de las cargas, expectativas, y mandatos de otros. Es soltar todo aquello que te quita la paz, y te roba el sueño y la energía: un principio fundamental para volver a validarnos, entendernos y respetarnos.

Sin dudas, viajar livianos y con elecciones más conscientes y acordadas con el par fue clave para salir del estancamiento —al menos en nuestro caso—.

No es lo que otros deciden, pretenden, esperan, imaginan; no es lo que tus padres te dijeron, o lo que la sociedad espera. Ni siquiera lo que tus hijos necesitan y ello obedece a una paternidad responsable ejercida en pareja. Pero para una relación sana, es lo que ambos, mi pareja y yo queremos y elegimos. Ya no son los terceros —que, aunque con buena intención— deciden cómo nos relacionamos y hacia dónde vamos.

Dejar —con mucha gratitud— las mochilas que otros pusieron sobre las espaldas de la relación, ya sea por sueños no cumplidos en sus propias parejas, o por proyección de aspectos no resueltos, nos ayudó a viajar más pacíficos y livianos. Y, parte de esa liviandad, viene de la mano de que los únicos acuerdos valiosos para la pareja son los que ella misma construye.

No tienes que pagar ninguna deuda, moral, social, familiar; eliges a consciencia, a tu pareja y los parámetros para una nueva relación de amor extraordinaria. De este modo, te liberas del temor a fracasar, del *qué dirán*, del *yo te lo advertí*, del *no lo vas a lograr*, de *las cosas nunca van a ser diferentes*, del *todos los hombres son iguales*, de *todas las mujeres son iguales*, del *más vale solos que mal acompañados*, de los juicios y prejuicios ajenos a tu relación.

Viajar livianos y como si hoy vivieras tu último gran día en la tierra. Es aprender a soltar los enojos y las broncas, a divertirnos más seguido, a reírnos, a abrazarnos y apoyarnos en todo tipo de experiencias, a expresarnos nuestro amor en todos los lenguajes posibles.

Aprender a jugar el juego con las cartas que elegiste y que te han tocado

Este principio habla muy bien del entendimiento sobre la base de reconocer que no eres perfecta, tu pareja no lo es y por lo tanto la relación dista de serlo.

Aprender a jugar el juego del entendimiento en la relación, parte de la base de aceptar que tienes unas cartas —producto de la elección y del azar— y que harás siempre los mejores movimientos para que sea la pareja quien gane la partida. O ganan los dos, o el juego se termina pronto.

Y entender los movimientos precisos y estratégicos que necesitas hacer, cuando jugaste toda la paciencia, la entrega y la voluntad y aun así no anticipas el final feliz. Identificar qué cartas —egoísmo, miedo, resentimiento— te pueden llevar a perder la partida; pues en este juego de relación, estableces las reglas, comprendes sus características, participas, analizas, aprendes, hasta volverte un experto. Teniendo en claro que sólo puedes ganar, si gana la pareja.

Aprender a hacer fácil, lo difícil

A veces complicamos las cosas por desconocimiento, otras veces por falta de práctica y otras muchas, simplemente por gusto. Y cuando lo hacemos es sin principio ni fin, aun sabiendo que eso no es inteligente ni efectivo.

Cuando apliqué este principio a la relación con mi pareja, todo comenzó a fluir.

«Es difícil entendernos, voy a lograr que sea fácil»; «No es simple hablar con él, voy a hablar fácil —como le hablo a mi hijo de 7 años— y hasta que entienda, las veces que sea necesario».

«Es difícil compartir actividades con una agenda tan cargada, voy a crear pequeños momentos diarios de conexión»; «Lo es organizar una salida juntos, voy a

proponer breves actividades en conjunto y a diario que nos saquen de la rutina»; «*Es difícil ponernos de acuerdo, voy a decir y escribir las ideas hasta acercar posiciones».*

Se trata precisamente de hacer simple y fácil, lo difícil.

No proponer dificultosos y complejos planes para volver a conectar, por el contrario, voy a garantizar que haya pequeños momentos diarios simples y efectivos para conectar. *Tiempo especial* para mi pareja. Tiempo del par. Sin terceros —incluso y, sobre todo, sin el teléfono móvil—.

 **Ahora te toca a ti:**

Escribe una carta de gratitud y conciencia a tu pareja. Celebra la relación que han construido y menciona las oportunidades de crecimiento que has descubierto.

 **DECRETOS**

Nuevos decretos para mi vida, llegó tu hora de crearlos y hacer que funcionen para ti. Escríbelos, luego lee y repite:

Capítulo 10. Sano para amar o amo para sanar: te miro con el corazón y nos bendigo

Nuestras heridas son a menudo, las aberturas a la mejor y más bella parte de nosotros.
—David Richo—.

Qué cansado es estar molesto, hay que andarse acordando a cada rato del porqué y cómo te jodieron. Vaya obsesión sin sentido.
—Daniel Habif—

Si dudas, todos hemos sido lastimados en el pasado. Y podemos vivir toda la vida con esas heridas y reviviendo experiencias dolorosas o decidir sanar; aunque reconozcamos que ello puede llevarnos la vida misma.

¿Qué relación existe entre estas heridas del pasado —infancia— y el amor a nuestra pareja? Aprendimos a amar por *la forma de amor* que recibimos. Si nos amaron de manera limitada, con egoísmo, con sobre exigencia, con sobreprotección y dependencia, así vamos a manifestar nuestro amor a los demás, a menos que hagamos un profundo trabajo para sanar.

Nuestros padres y nosotros como padres, por ejemplo, amamos como sabemos, como hemos aprendido, como nos amaron y, algunas veces, ese sentimiento tiene muestras de egoísmo, manipulación, sobre exigencia o sobreprotección, eso genera heridas que luego merecemos sanar. Ahí está nuestro trabajo ya siendo adultos: amar sin lastimar, sin herir. Amar con gratitud por el amor que recibimos; aprendiendo nuevas formas mientras sanamos.

Hay por lo menos dos motivos importantes para recurrir a la sanación como principio de vida:

> Si **sanas**, tienes la chance de saber que tus heridas están ahí, forman parte de tu historia, pero tienes la paz necesaria para que ya no condicionen tu vida y relaciones.

> Si **sanas**, será mejor la calidad de tus vínculos —empezando por aquel que estableces contigo misma— porque las personas heridas, vamos por la vida hiriendo a otros y a nosotros mismos.

Cuanto antes te ocupes de sanar, antes será tu posibilidad de amar mejor a otros, pareja, padres, hijos, amistades y amarte a ti como mereces.

Las heridas que sufrimos —sobre todo las de la infancia— son cinco y las describe Lise Bourbeau[8] en sus libros: *la traición, el rechazo, el abandono, la humillación y la injusticia.*

Estas heridas, van creando en nosotros un tipo de personalidad más huidiza o dependiente, controladora, rígida o masoquista. Y es precisamente con estos tipos de personalidad, que enmascaramos las heridas, las disfrazamos y, de ese modo, ocultamos las heridas —a nosotros mismos y a los demás—; así como escondemos todo aquello que aún no hemos podido poner en orden.

Por lo tanto, el tamaño de nuestras heridas va a obligarnos a llevar puesta la máscara más a menudo, con una doble intención: no mostrarnos vulnerables y evitar que nos vuelvan a herir —siempre el fin último es la protección—.

Cualquiera sea la máscara que usemos nos sirve como un escudo protector. Sin embargo, nos aleja de quienes en verdad somos, y del camino de la sanación, excepto que decidamos ir hasta el fondo.

A menudo, puedo ver, en mi propia relación de pareja y en los relatos de muchas otras, la molestia que causan esas heridas. Ellas nos descubren

---

[8] **Nota de la autora:** Lise Bourdeau (1941), es una ensayista canadiense que ha escrito acerca del desarrollo personal. En Las 5 lesiones que impiden ser uno mismos, define cinco heridas narcisistas: el abandono; el rechazo; la humillación; la traición y la injusticia.

actuando con el dedo acusador: «*Lo que me hiciste me dolió y mucho. Lo que me hiciste es imperdonable*».

Siempre va a haber alguien, en este caso tu pareja, recordándote las heridas y, en ese escenario, tienes dos opciones: o maldices eso y destinas tu vida a encontrar culpables, o lo bendices y sanas. Ambas alternativas van a requerir de tu energía, entendimiento, decisión y acción.

Son muchas las situaciones —a lo largo de nuestra vida— en que nos sentimos rechazados, abandonados, traicionados, humillados o tratados de manera injusta. Si haces memoria, tal vez puedas pensar en algo que te ocurrió ayer o la semana anterior; no tienes que ir demasiado lejos.

En realidad, cada vez que nos sentimos heridos —o que otro toca nuestras heridas—, a nuestro ego le gusta creer que alguien más, y no nosotros, es culpable de que nos sintamos así.

Siempre les doy a mis hijos este ejemplo. Hay una expresión que se usa y que tiene que ver con *poner el dedo en la llaga*. Esto es, alguien —intencionalmente— toca nuestra herida y hace que duela. La pregunta a continuación es: ¿lo que duele es el dedo o la llaga? ¿qué sucedería si la herida estuviera curada? ¿dolería o sólo te haría recordar el dolor? ¿Cuán responsable de tu dolor es el dedo?

El problema entonces no es del dedo, es de la llaga. Es decir que no es el otro —que también viene lastimado—, sino mi propia llaga; y va a seguir doliendo hasta que decida sanar.

Luego de que eso suceda, sabrás que la herida está, como sucede con un clavo que reparó algún hueso roto luego de una fractura; vendrán días de humedad o movimientos que te recordarán la herida, pero ya no será a modo de dolor, sino de recuerdo. Entonces, sanar puede llevarte toda la vida, dependiendo del tamaño y la profundidad de la llaga. No importa el tiempo que lleve, ahora tienes la responsabilidad de hacerlo. Por tu propio bien y por el de las generaciones futuras —eso sí elegiste tener pareja e hijos—. Tienes la doble responsabilidad de sanar para ti y para ellos.

Notarás pronto que cada vez que un comportamiento de los demás te duele o incomoda, indica que también ese otro —puede ser tu pareja— lleva su propia máscara para evitar el sufrimiento.

Cuanto más avanzamos en la vida, más necesario es que nos ocupemos de sanar las heridas. Porque, aunque seamos más o menos conscientes de ello, a medida que nos vamos vinculando con otros, si estamos heridos, lastimamos a otros. Lo primero que necesitas saber si quieres sanar las marcas del pasado, es reconocerlas, aceptarlas y amarlas.

¿Cómo es posible eso? ¿Reconocer y abrazar el dolor? ¿Aceptar las heridas? ¿Amar lo que tanto sufrimiento me causa? ¿Bendecir la experiencia de dolor que me permite ir a fondo en mi camino de autodescubrimiento y sanación? ¡Cuánto para seguir aprendiendo!

Esto de identificar tus heridas te va a ayudar en un punto muy importante: aceptar el hecho de que lo que temes o reprochas a los demás —en este caso a tu pareja—, tú mismo se lo haces a los otros y, sobre todo, te lo haces a ti.

Así, por ejemplo, si cargas con la *herida del abandono*, la alimentas cada vez que dejas de lado un proyecto que te interesaba mucho, no te ocupas lo suficiente de ti misma —te abandonas— o no te prestas atención. Tal vez —y para no sentirte dejada—, intentes llamar la atención de tu pareja enfermándote, sufriendo alguna dolencia o, simplemente, ubicándote en el *papel de víctima*.

O puede que tu herida principal sea *la injusticia* y alimentes esa herida siendo muy exigente contigo. Tal vez no reconoces tus límites, te excedes, y te detienes en tus propios errores, y aunque sea injusto —y para alimentar la herida— evitas darte placer o acercarte a personas o experiencias que te hagan sentir bien.

De igual modo, la *humillación* te hará sentirte siempre menos en relación con otras personas: menos linda, menos buena, menos efectiva, menos inteligente...

Reconocer cada una de las heridas, aceptarlas con compasión y amarlas, va a llevarte por un camino de amarte cada día más y mejor. Aunque suene difícil de entender, amarte, también es comprender que muchas veces en tu vida habrás rechazado, abandonado, humillado, traicionado e incluso sido injusta con otros. Quizás con tus padres, con tu pareja, hasta con tus hijos.

Reconocer esto, no te exime de culpa, te ubica desde un lado más consciente y es el de la responsabilidad. La que, a su vez, te coloca en la posición más difícil de todas: dejar el rol de víctima para sanar y así dejar de causar heridas en otras personas —generalmente lastimamos a las personas que más amamos—.

Me dolió... Sí que dolió. Y es bueno reconocerlo, porque hacerlo es aceptarlo y, eso, es *empezar a sanar.*

«*Me dolió tanto pero tanto...que decidí guardarlo. Me dolió en el cuerpo, en el corazón, en la mente al recordarlo, en el alma*». Y es bueno que no lo niegues ni lo escondas, ni lo disfraces, ni lo disimules. Es bueno que lo nombres, lo aceptes y lo asumas.

«Me dolió y sentí que a nadie le importaba». Y es bueno que lo compartas, porque va a regalarte alivio. *Dicen que el amor que se comparte se multiplica y el dolor que se comparte se divide.*

«Me dolió tanto que por momentos hui, me escondí, dudé de mí, me desconocí, me desconecté». Y mucho dolió, pero aquí estás, quizás todavía rota o reparada. Aquí estás, abrazando el dolor para transformarlo en algo mejor. Aceptando, confiando, amando nuevamente, y regalándote la posibilidad de perdonar y sanar.

Sin duda, el perdón y la sanación son dos fieles compañeros.

Quiero contarte una historia que me compartió mi esposo hace pocos días —cuando preparaba el borrador de esta publicación—.

«Hasta hace unos días estuve enojado con mi padre. Lo culpé porque estuvo ausente hasta que tuve 16 años —no recuerdo haber jugado una sola vez con él—, aunque vivíamos en la misma casa con el resto de mi familia. Casi con 50 años, creí que había perdonado y dejado atrás esos sentimientos negativos hacia su persona. Estaba a punto de venir a visitarnos, junto con mi madre —vivimos a 7500 km de distancia— y mientras escuchaba voces como 'esto es genial', 'cuida y disfruta de tus padres', 'son personas mayores, nunca se sabe cuánto más van a

vivir'; estaba molesto y con dudas sobre su visita. Otra capa de resistencia para perdonar y sanar; para ir hasta el dolor de las viejas heridas. Me dio algo de claridad pensar en mis cuatro hijos. Ser uno y padre al mismo tiempo, me hacía pensar que, si no bendecía a mi padre, no podía bendecir a mis hijos. Y también a los hijos y el padre interiores que soy. Hace algunos años y desde que nuestro cuarto hijo llegó a bendecir nuestras vidas, le di a mi vida un giro de 180 grados.

Me prometí a mí mismo que jugaría lo suficiente, hablaría lo suficiente y pasaría el tiempo suficiente para llenar su alma y la mía. Desde ahí, jugamos todos los días. Hoy estábamos jugando a las canicas. Nos divertíamos mucho. Mientras jugábamos, comencé a darme cuenta de lo importante que era ese momento para los dos y recordando a mi padre liberé lo negativo y pude decir con el pensamiento 'te amo papá, gracias por todo'. La conexión fue tan fuerte, que mientras estaba sintiendo, mi hijo me preguntó: —Papi, ¿conocías este juego de tu infancia? —y continuado me dijo: —A mí me lo enseñó a jugar el abuelo, cuando estuvo acá hace tres semanas.

Mi corazón se hizo tan grande del amor que estaba recibiendo al ver que el círculo es infinito, que nunca termina y no gobierna a través de las líneas del tiempo. Perdonar y sanar. Sanar y perdonar. Todo en *sincronía. Cada persona que toca nuestra vida es una experiencia de bendición. Como perdono, estoy siendo perdonado. Magia Divina».*

 **Ahora te toca a ti:**

¿Qué dolores atravesaste?

¿Qué has hecho para perdonar y sanar?

¿Qué necesitas seguir sanando?

 **DECRETOS**

Nuevos decretos para mi vida. Escríbelos, luego lee y repite.

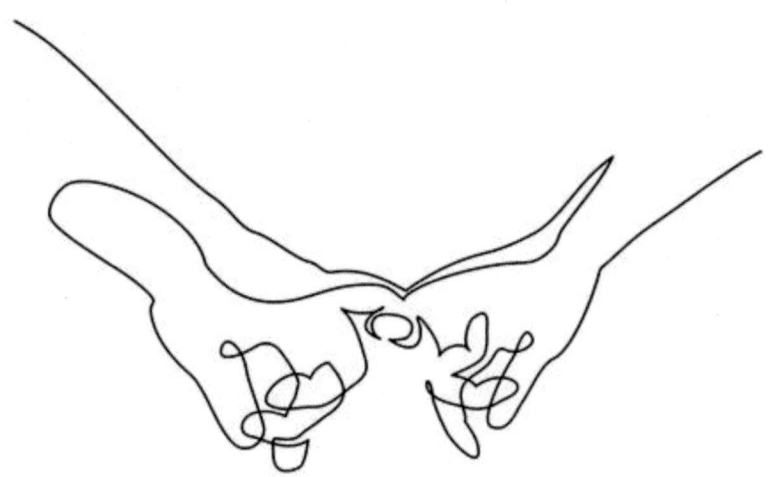

Capítulo 11. Manifiesto mi amor: la práctica hace al maestro

No es cursi decirle «te amo», es una confesión heroica.
No es cursi decirle «me haces falta», es humildad emocional.
No es cursi decirle «te quiero», es saber
agradecer el milagro de su existencia.
—Alejandro Jodorowsky—

Escuché hace un tiempo algo que me hizo pensar en lo que sería un chaleco salvavidas para la vida de las parejas: todos deberíamos nacer con un manual de instrucciones que explique cómo ser y tener una buena pareja para toda la vida.

No existe ese manual, nos hacemos con la práctica, es verdad.

Aprendemos a ser una buena pareja mientras somos pareja, mientras avanzamos en la relación. Sin embargo, hay algunos principios que conocidos a tiempo pueden mejorar la experiencia de relación y llevarnos a buen puerto.

Si logras mantener el foco en estos principios y grabarlos a fuego en tu convivencia diaria, podrás hacer de tu relación de pareja tu mejor experiencia de vida.

Dile que lo amas sin decirle que lo amas

Hace poco fui a visitar a mis padres que viven en Argentina, mi bello país de origen. Estuve compartiendo con ellos durante un mes y vi manifestar una forma de amor que tiene pocas palabras, pero infinita cantidad de gestos diarios.

Mientras uno de ellos prepara el desayuno para ambos, el otro se ocupa de hacer los mandados. Mientras mi madre acompaña a mi padre a sus clases de natación, él espera a que la clase termine y ella lo busque para volver a casa juntos en bicicleta. Se cuidan, se acompañan, se apoyan. Se manifiestan amor sin decirse cuánto se aman. Veo muchas expresiones de amor en ellos, de cuidado, de interés real por el bienestar del otro. Hay pocas palabras, pero muchos gestos de amor.

Son una pareja que a diario y, en la medida de sus posibilidades, con gestos, hacen sentir al otro amado e importante.

Han aprendido una gran clave: se dicen «te amo» sin decirlo.

Para ellos, al igual que para muchas parejas, la relación ha sido su propia escuela de amor. No han leído libros sobre relaciones; no han ido a charlas; no han hecho terapia de parejas, han ensayado diferentes formas de resolver situaciones, se han equivocado mucho y han acertado otro tanto.

Han descubierto algunas claves y una enorme cantidad de veces han renunciado a dos de los argumentos favoritos del ego:

- **La necesidad de tener razón —y ganar—.**
- **La búsqueda continua del placer inmediato.**

Se han demostrado amor de infinitas maneras y eso hace que compartan sus vidas desde hace más de cincuenta años.

Atiende a los detalles

Me debilidad son los pequeños detalles. ¡Me declaro fan número uno! Amo esa manera de entender el amor y de hacerlo posible. Algunas veces un mensaje de texto, un abrazo, un *«te amo»*, un *«te extraño»*, un desayuno compartido, un chiste para destrabar alguna molestia, alcanzan como expresión de amor.

No se necesita mucho tiempo, ni mucho dinero, ni mucha energía siquiera; los simples y pequeños detalles nos conectan con la energía del amor y nos ponen en la misma sintonía.

Hace poco tiempo una amiga me comentó que había ido al doctor porque se sentía fatigada durante el día y sus valores de colesterol estaban fuera del rango normal. Cuando el médico la vio la sorprendió con la pregunta de ¿por qué iba ahora, luego de un laboratorio de un año de antigüedad y luego de tantos meses de sentirse fatigada? Ella le respondió que se había acostumbrado a estar cansada y que lo veía como normal, pero además no había tomado como preocupante el indicador de laboratorio.

Su comentario, me hizo pensar en las relaciones de pareja. Muchas veces tomamos como normal y habitual, aspectos que no son saludables. Hay cosas que no nos satisfacen, pero las dejamos pasar una y otra vez y, tarde o temprano, nos acostumbramos a vivir así.

Aceptamos como normal que ya no hay palabras de amor, pequeños detalles para hacer sentir amada a tu pareja, tiempo de intimidad, momentos de charla, risa, diversión, confianza plena.

Aceptamos como normal una relación a medias, nos acostumbramos a vivir así y lo aceptamos bajo el lema de: *es lo que hay o es la cruz que me toca.*

Si a esta altura identificas que has aceptado como normal algunas cosas que ya te resultan incómodas, una buena manera de empezar a hacer cambios, y volverte experta con la práctica, es atender a los detalles.

Hay pequeños grandes detalles que en el día a día nutren y sostienen la relación; acortan distancias, cambian rutinas, conectan y alimentan un amor de años.

Existen todo tipo de pequeños detalles, pero deberás descubrir los que a ti te conecten con tu mejor forma de ser y con tu pareja, sus necesidades, gustos y motivaciones.

Y esos detalles pueden ir desde un conectado saludo de buen día, hasta la preparación de una comida preferida, un mensaje de texto amoroso en medio de la jornada o una palabra de gratitud y aliento en el momento menos esperado.

Y los detalles que abundan no dañan, así que no escatimes esfuerzos en promoverlos; no esperes al día especial, haz que cada día lo sea. Cuando transformas una normalidad de desgaste y desconexión en una de detalles y muestras de amor permanentes, la relación recupera la salud perdida y promueves una larga vida de a dos.

Muestra más compromiso y menos superficialidad

Somos seres humanos complejos y mientras menos ahondamos en esa complejidad, más complejo resulta relacionarnos con otros y lograr entendimiento. Sin embargo y para decirlo sin rodeos, cuando hablamos de las relaciones de pareja y de la vida misma, sabemos que estar mientras suceden cosas buenas y cuando los otros nos muestran su mejor lado, es simple.

No tiene demasiado mérito amar cuando todo fluye y mi pareja me muestra su mejor lado. Eso le sale bien a cualquiera; lo extraordinario es quedarse cuando vienen momentos difíciles que ponen a prueba nuestro verdadero compromiso.

El desafío es quedarse cuando sientes que el otro no merece tu amor, y sin embargo tu amor puede hacer la diferencia en su vida.

Quiéreme cuando menos lo merezca, porque será cuando más lo necesite.
—Robert Stevenson—

Para que logres comprometerte de verdad y atravesar los momentos difíciles de la relación te recomiendo algo que a mí y a tantas parejas nos ha funcionado siempre: no te quedes a acampar en las emociones negativas. No es recomendable; es como nadar en arenas movedizas. Te sofocas, te agotas, igual pones mucha fuerza y energía y tienes pocas chances de sobrevivir.

Y ten la valentía de ir rápidamente a resolver el conflicto. ¡Sal del pantano ya! Recuerda que para edificar una relación en el tiempo hace falta valor, decisión y compromiso.

Conecta con un propósito

¿Te has preguntado últimamente cuál es el sentido que tiene una vida en pareja? ¿Qué sentido tiene casi toda una vida compartida con la misma persona? ¿Te pusiste a pensar que vas a vivir con la misma persona más tiempo que con cualquier otra, excepto contigo misma? ¿Qué propósito le han dado a la relación? ¿Qué han decidido hacer en esta vida de pareja, por y para el mundo? ¿Comparten algún otro proyecto en pareja —aparte de ser pareja o familia— y eso los conecta con el mundo?

En algún momento, han decidido la vida en pareja como el mejor lugar para crecer en lo individual, evolucionar —juntos— y ser felices —aunque esto último tenga tantas connotaciones como individuos sobre la tierra—. Sin embargo, numerosas investigaciones han intentado comprender lo que nos hace felices y hay al menos tres dimensiones o grados de felicidad: *el placer, las gratificaciones y el compromiso con uno mismo y la búsqueda de sentido a través del propósito.*

Mientras que el *placer* tiene que ver con la satisfacción inmediata de nuestras necesidades y deseos, hay quienes dicen que la felicidad a través de estas fuentes tiene un efecto intenso, pero poco duradero. Y que una vez que nos habituamos a ellas —un helado, un paseo al aire libre, una ropa que nos gusta, un viaje, una fiesta de cumpleaños—, su capacidad para proporcionarnos placer se reduce y dejan de darnos bienestar —o felicidad—.

Las *gratificaciones* que vienen de la mano del comprometernos con nuestra autorrealización tienen un efecto diferente si de felicidad hablamos. Por lo tanto, cultivar nuestros talentos puede ser altamente satisfactorio hasta el punto de subirnos la vara de compromiso y constancia de la mano de la gratificación por el hecho de disfrutar a pleno el momento presente.

La *búsqueda de sentido* tiene que ver con hacer una valoración de lo que hacemos cada día y si tiene sentido, desde la dedicación a los demás. Es así como muchas personas podemos descubrirnos felices cuando asumimos el compromiso con otras personas y con el mundo, en la búsqueda consciente de hacer un mejor mundo para todos. Encontrar un propósito desde donde desarrollar nuestros talentos y habilidades y ponerlos al servicio de los demás, puede vincularnos con la felicidad desde el lugar de sentir que nuestra vida vale la pena.

¿Cuál es el propósito que te mantiene unida a tu pareja? Ser familia, ayudar a otros desde el servicio —empresa, profesión, asociación—, trabajar junto a otros en proyectos solidarios, trabajar en organizaciones locales, barriales, ONG, viajar por el mundo con misión humanitaria, trabajar en organismos públicos, servir desde una función política.

¿Qué sentido le han dado a su vida en pareja? ¿Para qué estás aquí, en este momento de la historia, viviendo una vida en pareja? ¿De qué manera has venido a impactar al mundo? ¿Cómo quieres irte de este mundo? ¿Qué quieres hacer para dejarlo mejor de lo que lo encontraste cuando el mundo te recibió?

Poner el foco en el propósito puede darnos la claridad necesaria para evitar desorientarnos cuando lo cotidiano empieza a tener peso propio. Así, descubrir el sentido de nuestra vida individual y de pareja, puede ser un gran motor para que queramos compartir nuestras habilidades y talentos con los demás. Y desde una vida con propósito, puede resultar más atractivo entender que nuestras necesidades individuales propias trascienden para combinarse con necesidades colectivas.

Alimenta tu fe

La fe es la convicción de lo que no se ve; y no hablo aquí de que tengas que adherir a alguna creencia religiosa para tener fe.

Fe significa confianza, seguridad, certeza y convicción. La fe tiene en su esencia, la esperanza y no importa si tu fe viene de la mano de creer en Dios o en el Universo.

Ya sea que creas en un Dios que te sostiene o en un Universo que responde porque eres parte de él, en la fe radica tu poder humano y divino para conectar con todo lo que crees y creas.

Tener fe, no va a evitarte los problemas y el dolor, pero va a darte la fuerza necesaria para saber que siempre vas a poder salir de esas situaciones incómodas, cuando hayas aprendido las lecciones.

La fe es un sentimiento que procede del corazón, mientras que los miedos proceden de la mente.

La fe mueve montañas; nunca dejes que te digan que no puedes hacer algo. Ten fe, ve por lo que quieres, escucha la voz de tu alma como guía.

Hay muchos relatos de fe y de milagros en la vida de las personas. Porque como bien dijo Albert Einstein: *«Existen dos formas de ver la vida: una es creer que no existen milagros, la otra es creer que todo es un milagro».*

Te voy a compartir una experiencia personal de fe y de milagro. De dolor, transformación y sanación, pues eso ha significado para mí y para mi esposo.

Pasados nuestros 40 años, y movidos por el deseo de tener un cuarto hijo, nos pusimos manos a la obra. Cuesta decirlo, pero, aunque nuestro deseo era genuino y amoroso, nos movilizaba algo más; estaba presente —aunque no tan consciente— el objetivo de mostrarnos —y mostrar— que podíamos vencer las leyes de lo que medicina alopática sugería para la mayoría de las parejas de más de 40: *es hora de soltar los hijos, no de traer vida nueva.* Desde el ego, ese tipo de declaraciones, muchas veces, son una provocación a nuestro complejo de superioridad—inferioridad y, como tal, nos hacen izar la bandera de una nueva batalla.

Hasta aquí, ya queda claro que aún con un deseo noble y genuino, el contenedor desde el que iniciamos este proceso tenía algunos vicios. Incluso, nuestra relación, lejos de verse unida por el proyecto, nos vio a veces distanciados, enemistados.

Tristemente esta experiencia de embarazo fue muy corta, y aunque duró 3 meses cuando llegó a su fin, nos dejó una lección de amor para toda la vida. Lo más importante ocurrió el día de la pérdida.

Desde la madrugada empecé con fuertes dolores y un sangrado. Alrededor de las 6:00 salimos hacia la clínica con mi esposo, -dejando a nuestros tres hijos en la casa-, y antes de las 8:00 ya había entrado al quirófano para el procedimiento de rutina para estos casos. En estado de shock total, ambos entendimos que había terminado el embarazo. No parecía posible. ¿Así es como todo termina? ¿Tan rápido? ¿Tan dolorosamente? ¿Tan triste? Yo no podía contener las lágrimas. No tenía consuelo para semejante dolor.

Nos quedamos en una habitación, mi esposo y yo, y nos fundimos en un abrazo profundo como nunca antes, breve y eterno, amoroso y reparador. Nos unimos en la pérdida. Entendimos el dolor de la mano del amor; del más poderoso amor que jamás habíamos experimentado.

En menos de un minuto, nos manifestamos un amor que no había estado presente durante los meses anteriores, sellamos sin palabras un nuevo pacto, que se transformó en el nuevo contenedor de lo que pronto vendría.

Pasaron tan solo dos meses; parecía que la muerte estaba presente, pero en todos los aspectos de nuestra vida.

Durante los primeros cuarenta días, la tristeza y el vacío ocupó nuestra vida individual, de pareja, y familiar. Nada tenía sentido.

Quienes han pasado por una experiencia así, saben de lo que hablo, pero algo nos decía que lo que aún estaba vivo era el sueño; el deseo en nuestra pareja de traer una nueva vida a la de la familia que ya éramos. Y fortalecimos nuestra fe; actuamos, ideamos.

Planificamos un viaje de pareja, con el propósito claro: integraríamos una nueva vida a la nuestra. Desde el amor; desde uno renovado, consciente y pleno.

Sesenta días después, el milagro sucedió y un nuevo test confirmó el embarazo. Hoy ese milagro de fe, está a días de cumplir ocho años de vida.

Ve por tus milagros, y no te olvides de nutrir tu fe. Aliméntala con buenos pensamientos y acciones, orando, meditan-do y confiando en la protección divina.

Eres el milagro, tu vida lo es. Actúa en consecuencia y, desde esa fe, comprende que tocar fondo no es el fin, ¡es el principio!

Deja de mirar con lupa: los juicios limitan

¿Cuántas veces has visto la paja en el ojo ajeno, pero no reconoces la viga en el propio? Si miro mi propia vida, infinitas veces. Es más sencillo poner una lupa para mirar y juzgar lo que mi pareja hace, que detenerme, sincerarme y ver cómo yo estoy haciendo las cosas.

Entonces, si el otro actúa de una manera que no nos satisface, tiene carácter de gravedad, pero si yo hago lo mismo, encuentro las justificaciones para minimizar mi accionar.

Años atrás me vi usando a menudo la lupa. Así, cuando mi pareja llegaba tarde a una reunión escolar, era imperdonable que se desentienda de la educación de nuestros hijos, según mi juicio. Cuando yo llegaba tarde a la misma reunión, era porque tenía una agenda cargada de responsabilidades entre el trabajo, mis hijos, mi pareja, mis obligaciones domésticas, y mi tardanza estaba debidamente justificada.

Así solemos fundamentar nuestras acciones y convencernos a nosotros mismos y a los demás de que lo hecho es lógico y razonable, aunque no lo sea.

Solemos ser sensibles a las críticas, pero severas en el juicio hacia el comportamiento de la pareja. Ver lo peor en ella, nublada por el juicio es gratis —o por lo menos eso queremos creer hasta que descubrimos el alto costo asociado—.

¿Por qué siempre resulta más fácil enjuiciar al otro? ¿Por qué nos cuesta tanto comenzar a ver a conciencia nuestros propios comportamientos?

Me he encontrado en una sesión de terapia personal, hablando por más de media hora de lo que mi pareja hace mal o deja de hacer, y de lo que tiene que cambiar para que la relación cambie. He mantenido durante largo rato una posición cómoda para *sentirme a salvo*, y enjuiciar a mi pareja, en lugar de identificar mis propias limitaciones.

Ver al otro como un problema es más fácil, cómodo y menos trabajoso que ver mis propios asuntos. ¡Qué peligrosos son los juicios cuando los hacemos parte natural de nuestra vida de relación y con la cabeza en piloto automático!

Escuché —en las semanas previas a la finalización de mi manuscrito— el relato de una pareja amiga. *«Fuimos a cenar, quedamos encontrarnos a las 7 pm en el restaurante de siempre. Yo llegué en horario —decía mi amiga— y mi marido media hora más tarde. Siempre hace lo mismo —decía ella— No le importo lo suficiente como para que deje de hacer lo que estaba haciendo y salga con tiempo. Él contaba un relato diferente. Salí de la oficina con tiempo suficiente, pero en el medio me topé con dos accidentes de tránsito y la autopista a tope. Lo que menos quería luego de un día difícil en el trabajo era encontrarme con su cara larga y sus quejas. No pudimos disfrutar de la cena».*

Si en lugar de eso, nos tomáramos unos instantes para comprender que se trata de un juicio —que nos ata y condena— y que podemos aferrarnos a él o dejarlo ir, tendríamos relaciones más despiertas y saludables.

Cuando decides empatizar con tu pareja, entiendes que tus juicios —esos que te esclavizaron durante tanto tiempo— son siempre simplificaciones y no hacen justicia a la persona real con su riqueza y matices.

Da vida con tus palabras

Hay por lo menos dos efectos que tienen las palabras que decimos sobre nuestra vida y la de los demás: matan o dan vida.

Cuando las palabras dan vida, el foco está puesto en enunciar desde la bondad del corazón, palabras amorosas y constructivas; contrario a las palabras hirientes y descalificantes que usamos cuando estamos en cortocircuito con nuestra pareja. Así, las afirmaciones, los elogios y todo aquello que, sin adular, suene confiable y agradable a los oídos de quién lo escucha, pueden ser un condimento ideal para el paladar de comensales exigentes que quieren construir una relación extraordinaria.

Hay palabras que tienen un efecto reparador siempre, entonces, tienes que usarlas como un recurso simple pero efectivo: *«Perdón, lo siento, gracias, te amo»*. Juntas o por separado, siempre funcionan; liberan, movilizan, nos ponen en la misma sintonía.

Y para salir de esquemas poco constructivos y dañinos, nada más efectivo que seguir la siguiente regla: *cuando hables con tu pareja y, sobre todo, cuando necesites expresar algo que te molesta o disgusta, va a ser efectivo que te remitas a los hechos y no a la persona.*

Mostrar malestar con el hecho, que puede modificarse, y no con la persona que lo hizo —en este caso tu pareja—, puede evitarte malentendidos, desgaste y desconexión.

Comprende y acepta las diferencias

Es fácil reunirse con amigas y escuchar siempre el mismo reclamo: *«Mi marido es muy desordenado»*, *«Le hablo mil veces, pero no me escucha»*. *«Tenía que llevar a nuestro hijo a fútbol, le dije el horario, pero se olvidó»*, *«Nunca me escucha cuando le* hablo». «Siento que vive en otro mundo, le avisé que teníamos la fiesta de cumpleaños de mi hermana, pero puso una reunión de trabajo en el mismo horario».

Los hombres y las mujeres no solo nos comunicamos de manera diferente, sino que amamos, escuchamos, respondemos, esperamos, sentimos y valoramos de manera totalmente diversa. Resistirte a esas diferencias, e incluso desconocerlas o negarlas, puede restar energía a la relación de pareja, y llevarnos innecesariamente a juzgar al otro.

Cuando los hombres y las mujeres aprendemos a respetarnos, reconocer y aceptar las diferencias, el amor tiene la posibilidad de seguir adelante. El amor es mágico y puede ser duradero si reconocemos y recordamos nuestras diferencias a la hora de relacionarnos.

¿Qué pasa cuando las mujeres decimos: ¡vos nunca me escuchás!?

Cuando las mujeres reclamamos sobre esta situación, los hombres entienden, que necesitamos una solución para nuestro problema y, de hecho, es lo que ofrecen: ayuda para resolver el problema. En ese momento, nos sentimos desalentadas e incomprendidas, porque lo que necesitamos es que solamente nos escuchen con atención, no necesitamos consejos, ni que nos digan lo que debemos hacer.

Cuando necesitamos que nos escuchen, es solo eso. Y mientras hablamos vamos ordenando ideas, encontrando alivio, descubriendo verdades y hasta encontrando la forma en que inmediatamente vamos a resolver el problema que nos apremia. Sentimos consuelo o mejoría frente a los problemas solo con hablar con gran nivel de detalle.

Las mujeres damos importancia a la comunicación, al amor, a la belleza y a las relaciones: podemos estar enfocadas en varias cosas a la vez y, aun así, tener la concentración necesaria para resolver cada situación. Solemos hablar de nuestros sentimientos, temores y de las relaciones personales con más facilidad que los hombres. Y necesitamos sentirnos comprendidas y escuchadas.

Cuando los hombres comprenden que las mujeres solo necesitamos hablar para encontrar alivio, apoyo y comprensión, las distancias se acortan.

Así cuando tu esposo te dice: «*no necesito que me digas qué tengo que hacer*», ¿qué significa?

Los hombres dan importancia al poder, a la competitividad, a la eficiencia y al logro. Siempre hacen cosas para lograr afianzar su valía y lo que define su sentido de valor es la capacidad para lograr resultados. Se sienten realizados a través del éxito y el logro. Para ellos es muy importante alcanzar objetivos, ya que es un modo de sentirse bien y demostrar su compe-tencia; parecería que vienen de fábrica diseñados a enfocarse en una sola cosa.

La autonomía en el logro de estos objetivos es primordial y señala también por qué a los hombres les molesta que le digamos lo que deben hacer y cómo hacerlo. Generalmente, los hombres se guardan sus problemas para sí, e intentan solucionarlo todo solos.

Cuando las mujeres recibimos ese mensaje de *«no te metas en mis asuntos, no necesito que me digas lo que tengo que hacer»* entendemos lo siguiente: *«no te importa lo que pienso, no soy valiosa para vos, cada día estamos más desconectados, ni siquiera escuchas mis opiniones, no me escuchas ni quieres escucharme, esto ya no es una relación saludable»*.

Tal vez, si en lugar de aconsejarlo, apoyas su manera y capacidad para gestionar los problemas, y confías en él, aunque no lo digas, poniendo de manifiesto que estás para lo que necesite, los resultados sean diferentes.

Aun cuando sea desde el amor, los consejos que las mujeres damos a los hombres sin que lo pidan, pueden ser recibidos como una señal de desconfianza. Hay una queja a la que refieren los hombres cuando se juntan a hablar de nosotras, y es: *«no le gusta como soy»*... *«Ellas siempre quieren cambiarnos»*.

Las mujeres creemos que debemos ayudarlos o decirles lo que deben hacer. Creemos que así los ayudamos. Los hombres así se sienten controlados.

Lo que los hombres desean de nuestra parte es sentirse aceptados y valorados, si les damos consejos, entienden que lo están haciendo mal y que deben mejorar.

Mientras que los hombres necesitan sentirse aceptados, valorados, aprobados y admirados, las mujeres necesitamos sentirnos comprendidas, respetadas, apoyadas, escuchadas y amadas.

Cuando como pareja, reconocemos estas diferencias de género, llega la paz.

Cuando los hombres comprenden que las mujeres encontramos esa paz en el hecho de hablar de nuestros problemas y que necesitamos sentirnos escuchadas y las mujeres comprendemos que los hombres se meten en su mundo para encontrar soluciones y que ese aislamiento es una condición necesaria para su bienestar y no significa que ya no sientan amor, llega la paz.

Los hombres se motivan y adquieren fuerza cuando se sienten necesarios. Las mujeres nos motivamos cuando nos sentimos queridas. Es importante comprender estas diferencias a la hora de comunicarnos; que ambos podamos entender que el respeto y la aceptación de las diferencias es un buen punto de partida para construir una relación extraordinaria.

Admira a tu pareja

Sin duda, gran parte de nuestro aprendizaje en la vida viene de la mano de la observación.

Observar a mi pareja me ha permitido siempre aprender muchas habilidades; preguntarme qué aprendo con esta persona que está a mi lado está en la base de lo que podemos admirar del otro.

Admirar a una persona es verla o considerarla con estima por cualidades juzgadas como extraordinarias. Esto, aplicado en la relación de pareja, conforma una energía de ida y vuelta que sirve para consolidar un amor más maduro. Y tiene esta característica porque cuando reconocemos en el otro virtudes o capacidades que nos agradan, también nosotros nos sentimos reconfortados, porque quién admira se siente inspirado, y ella siempre resulta una experiencia motivadora y enriquecedora.

Céntrate en lo que es bueno, en lo positivo, en lo que decides mirar con ojos de admiración en tu pareja; quédate con eso que te inspira, con esa parte del otro que vez como tu conquista pendiente.

El lenguaje de los halagos siempre funciona; es cien por ciento efectivo sobre todo y principalmente cuando queremos dialogar sobre algún aspecto que genera molestia. Comenzar planteando una necesidad y anteponiendo un halago o reconocimiento, va a ser siempre un buen inicio de conversación. Expresar palabras de admiración puede cambiar radicalmente el tono y el sentido de la comunicación con el par.

Dile a menudo a tu pareja, cuánto y por qué lo admiras. Cuánto le agradeces lo que hace por ti y por la familia, admira sus logros profesionales y personales, dile con palabras alentadoras cuánto lo amas.

«Me gusta cómo resolviste ese problema. Celebro tus logros»; «Veo que siempre te haces un tiempo para jugar con nuestros hijos»; «Gracias por haber hecho las compras de supermercado»; «Tienes una gran habilidad con los números»; «Gracias por todo el amor que nos das, a toda la familia».

Nadie puede resistirse al amor y, mucho menos, si viene de la mano de halagos y palabras amorosas. Sin duda, alentar, impulsar a tu pareja a ir por sus sueños, apoyarlo, celebrar sus logros y mostrar admiración es una de las principales claves para construir una relación extraordinaria y se conecta con la necesidad que tenemos los seres humanos de sentirnos amados y valorados. Este resulta ser el ingrediente secreto de muchas relaciones que se fortalecen cuando ambos, dentro de la pareja, se centran en comunicar mediante halagos, las bondades que reconocen en el par.

Así las palabras de afirmación y los halagos se ponen en la base de una comunicación efectiva y detallada que funciona muy bien si queremos fortalecer el vínculo a diario.

Y al final de cuentas, si lo piensas bien, lo que más queremos las personas es que nos amen. Si muestras tu amor a tu pareja en forma de un halago podrás nutrir la relación y nutrirte.

Repara con el silencio

En muchas ocasiones, el silencio es la mejor respuesta; la más consciente, más efectiva, más amorosa y reparadora. Lo negamos porque incomoda; incluso, muchas veces, desespera; te deja en pausa.

Y no hablamos del silencio que niega, distancia o congela; no es aquel que asume la forma de la indiferencia.

No es el que castiga, ignora, agrede; No es del tipo infantil que lejos de solucionar algo, manipula y condena.

Es el tipo de silencio que pacífica; como una pausa saludable o descanso meditativo. Es el que resulta menos perjudicial que una mala respuesta.

El silencio ayuda, muchas veces, a no hablar de más y, sobre todo, en los momentos de tensión, a evitar que se digan cosas sin pensar y con el posterior sentimiento de culpa o arrepentimiento.

Hay veces en que hacer silencio ayuda a que la discusión no escale y, usar este recurso, puede permitirnos retomar el diálogo más calmadamente y cuando los ánimos no estén tan alterados. Es muy bueno aprender a callar —pero no por no animarnos a hablar— sino en el sentido de encontrar la mejor manera de usar el silencio, pedirle al otro un respiro para pensar mejor lo que se quiere decir, y así poder decirlo asertivamente.

El silencio en muchas ocasiones sirve para encontrar una mejor dinámica de comunicación, donde entendamos que hay temas que no se van a resolver en una sola conversación y por eso la necesidad de retirarse, quedarse con la información, procesarla y continuarla para que el resultado de la charla sea positivo.

Es importante que te quedes con la idea de que el silencio puede resultar un recurso muy valioso. Sobre todo, si eres de las personas que, como yo, aprendimos que lo mejor es que siempre haya algo que decir. Y recuerda que, como un recurso valioso, hay una frase anónima que dice que las personas somos dueñas de las palabras que callamos y esclavas de las que decimos.

Escucha con el corazón

Ten presente que, tal vez, *la escucha* sea la mejor y más poderosa herramienta con la que cuentas para que la relación goce de salud.

Pero también puede ser un arma letal si no sabes usarla adecuadamente y, la clave del buen uso es: *si tu pareja te cuenta cómo se siente, no conviertas luego eso que te ha compartido en parte de una discusión*. Si lo haces, cabrá el principio de *todo lo que diga podrá ser usado en su contra*, y habrás dañado la comunicación, confianza y conexión por largo tiempo.

Es muy necesario hacer este aprendizaje. Generalmente, las personas, mientras escuchamos —a medias— queremos responder, decir, contar lo nuestro, interrumpir, ayudar, dar consejos, sanar el dolor del hablante.

Erróneamente hemos aprendido que, si nos quedamos simplemente escuchando, en silencio, aguardando con paciencia para que quien tengo enfrente termine su explicación, nos hace parecer tontos. Y aunque dar consejos sea una tentación muy grande y el ego diga *«presente queriendo hablar»*, la escucha con el corazón invita en alguna medida a olvidarnos de nosotros un poco, a simplemente estar ahí, escuchando.

Escuchar con el corazón no significa no hacer nada es hacer todo, es hacer lo único y más importante: respetar, acompañar, darle al otro su lugar, su espacio y simplemente hacerlo desde esta amorosa y conectada forma de entendimiento humano.

Sé amiga y confidente

A esta altura, podemos afirmar que hay básicamente tres grandes pilares que sostienen la relación con la pareja y estos son: *la amistad, la pasión y la compasión.*

Y se trata de una relación de amistad amorosa. No sólo sos mi amor, y eso es lógico porque te amo, sino alguien más importante: eres mi compañero de vida, de intimidad, de sueños. El amor, la amistad y la confidencialidad se alinean para dar lugar a relaciones consistentes y duraderas.

La intimidad compartida es un gran símbolo de atracción para muchas parejas y, en este sentido, crear lazos basados en la comunicación y en compartir son una base emocional saludable para un vínculo a largo plazo.

Si quieres fortalecer el vínculo con tu par apóyate en estas acciones:

> 1. **Pasa tiempo con tu pareja** —*comparte actividades*—.
>
> 2. **Sé amable** —*¿cuántas veces muestras tu amabilidad a otras personas, pero te olvidas de hacerlo con tu par?*—.
>
> 3. **Muestra interés por sus cosas y elecciones.**
>
> 4. **Ríete con tu par** —*presenta planes de diversión juntos*—.
>
> 5. **Juega con tu pareja.** *¿Has visto a un niño querer separarse de otro mientras juega? Los juegos de mesa, deporte compartido, juega a todo lo que te lleve a conectar contigo y con tu par, volviéndote a sentir como un niño.*

Es vital la amistad en la relación de pareja, y eso no significa dejar de tener otras amistades con quienes compartir y disfrutar.

Conocí a mi esposo en el colegio secundario. Teníamos tan solo quince años. Comenzamos una relación de amistad y desde ese entonces hemos compartido la vida. Hemos enfrentado y superado situaciones y problemas propios de toda relación y como muchas familias porque somos ante todo amigos y confiamos el uno en el otro. Hemos sobrevivido juntos a varias tormentas. Entendemos la exclusividad de nuestra relación de pareja y aunque tenemos fuera de la relación otras amistades, disfrutamos mucho cuando estamos juntos. Amamos nuestras charlas y momentos de conexión.

Alimenta la pasión

Mantener la pasión y el deseo sexual es una tarea bien importante en la relación si estamos enfocados en una relación extraordinaria.

La aventura, novedad, sorpresa y misterio que vienen asociadas a la pasión, constituyen ese condimento especial para que la pareja conecte íntimamente y alimente el deseo mutuo.

Para que la pasión no sea un tema que vence con los años de relación, y la sexualidad tenga el espacio que merece, es importante que tengamos presentes algunos aspectos:

- *Atrévete a innovar en la cama. El goce sexual es un placer de dos y para lograrlo, habla con tu pareja sobre tus propios gustos y los suyos.*

- *No lleves los problemas a la cama. Que las preocupaciones queden afuera del cuarto. Incluso si tienes niños pequeños que duermen en tu cama. Encuentra el momento para que la pareja tenga un tiempo exclusivo.*

- *Explícale a tu pareja lo que te gusta y cómo lo deseas. Para eso el autoconocimiento es clave.*

- *Acude a pequeños detalles, que incluso puedan estar presentes durante el día —como un masaje, alguna caricia especial, música, despierta la creatividad—.*

- *Evita reprimirte y avergonzarte a la hora de mostrar tu amor en la intimidad.*

- *Cuida tu imagen —durante el noviazgo lo hacías, y no solamente cuidabas tu peso, sino que te arreglabas, vestías especial y te preparabas para lucir bien para el otro— Si dejaste de hacerlo, es hora de poner el foco allí.*

- *Evita distractores en la cama —rencores, resentimientos, peleas, preocupaciones—.*

- *Varía las rutinas —aquellas que tienen que ver con la intimidad sexual y las que no—. Ejemplo: hagan un paseo juntos, una cena o picnic, unas minivacaciones.*

Practica la compasión

Sentir compasión es pura empatía, pero practicarla es hacer el milagro.

Las personas, aún conscientes de nuestros propios errores, condenamos los ajenos con la mente. Y sólo cuando conectamos desde el alma, es posible perdonar y actuar con compasión.

Sin dudas, conectar con el dolor del otro, y hacer lo mejor posible para ayudar a aliviarlo, puede convertirse en la *«obra maestra de tu vida»*.

Para actuar con compasión, necesitas enfocarte en *alejarte de los juicios* —trabajar en esa dirección— y *desarrollar la empatía* —atención y sensibilidad ante las situaciones de los demás—.

Eso no significa que te metas en la vida de los demás —en este caso de tu pareja— como directora de orquesta.

Sino que entiendas que todos tenemos una mochila que cargamos —de manera más o menos consciente—, y que sin haber pasado lo que le pasa al otro, puedes comprender sus sentimientos.

Quiero compartirte un bonito relato que alguien compartió en las redes sociales y que afirma que *toda demanda es demanda de amor.*

«Cada uno llama la atención como puede, sabe o aprendió. A nadie le resulta divertido estar pataleando en medio del piso para rescatar una mirada.

El que grita está haciendo ruido para que no se le note el dolor. Hace una flor de estruendo para disimular que tiene una falta que no puede llenar.

El otro que cada tanto viene con un planteo que no sabe ni lo que quiere te está poniendo los ojos de frente para que lo mires y le acaricies la cabeza.

No es tan complicado que de repente estires un poco el brazo y le salves la noche.

> **Misterio no es viajar a nuevos lugares sino ver los mismos con otros ojos**
> —Marcel Proust—

La gente crece y va perdiendo pedazos por todos lados y entonces a veces necesita una mano que lo ayude a reunir o juntar. Tan simple...ayudar a juntar. Como lo que te enseñaron en el jardín. ¿Qué importa quién desordenó la cosa?

Dale, agachate y juntá con él. Mirá, acariciá, escuchá, abrazá. No importan los pormenores.

Todos estamos atravesados por las mismas cosas. Es cuestión de tiempos verbales: hoy, le toca a alguien que no sos vos.

Dale. No importa cómo lo pida. Importa que lo pide. Y en el fondo toda demanda es demanda de amor.

Vamos. No es tan complicado. Relajá y da. Hay veces, que, con un abrazo, nos salvamos todos».

Gracias Lorena Pronsky, una caricia tu mirada sobre la compasión.

Reconforta con los abrazos

Y para conectar profundamente, nada mejor que un abrazo.

Hay abrazos que te calman, que te curan, que te reparan.

Hay abrazos que te liberan y conectan.

Hay abrazos que te reinician.

Hay abrazos que te acogen y sostienen en tus peores días.

Hay abrazos que te renuevan y cargan de energía.

Hay abrazos que son hogar, calor, complicidad, amistad.

Hay abrazos más intensos y apasionados.

Hay abrazos para buscar, esperar, recibir y confiar.

Hay momentos en que sólo los abrazos dan sentido a la relación.

Hay momentos en que con sólo un abrazo alcanza.

Sólo respira, conecta con tu presente y prepárate para dar y recibir siempre un abrazo.

¡Los abrazos salvan vidas! ¡Y relaciones!

Pide disculpas y acepta el error

Es clave en el camino de tener una pareja plena y saludable, avanzar en el pedido de disculpas y en admitir los errores cuando nos equivocamos.

Como siempre el perdón es un regalo y una decisión consciente. Sólo en la sabiduría del corazón podemos recibir compasivamente a quien nos pide y nos da una nueva oportunidad.

Volverte confiable si heriste a tu pareja va a requerir de un sincero pedido de disculpas y de la intención y acción para enmendar el error. Sin duda, cuando usamos esta herramienta, regalamos al otro una nueva oportunidad y nos regalamos a nosotros mismos una nueva forma de hacer crecer la bondad.

Si comprendieras el poder que tiene el perdón, no estarías un día más sin regalarlo confiadamente.

Perdonar no significa aceptar que lo que te hicieron está bien; es entender que el dolor no va a desaparecer si lo almacenas en forma de resentimiento. Intentaron convencernos de que perdonar nos vuelve débiles y vulnerables. Y que hacer-

«El perdón no es una emoción, sino un acto de voluntad y la voluntad no se rige por la temperatura del corazón, sino por la grandeza del espíritu».
—Daniel Habif—

lo le da al otro la posibilidad de volver a traicionarnos. Sin embargo, cuando perdonas te regalas una nueva oportunidad, te pacificas, te fortaleces, te das espacio para expandirte y para amar, cuando perdonas recobras tu salud, energía y libertad.

Cuando perdonas te admites tan humana y errática como perfecta y divina.

Suelta lo que no es para llevar —quejas, reproches y palabras hirientes—

Muchas veces en la vida me detuve a observar que las personas que estamos en una relación de pareja, nos complicamos la vida con cosas que no son tan complicadas y que debieran solucionarse más rápido. Quejas que aparecen a la orden del día para problemas mínimos que terminan sin resolverse y que se convierten en una bola de nieve.

Al final del día o de una discusión, muchas veces no recordamos lo que le dio origen. Quejas, reclamos, reproches suenan como una advertencia de que algo anda mal —y pueden ser un buen punto de partida— o se han convertido en nuestro deporte favorito. Si fuéramos más conscientes del poder que tienen las palabras, pensaríamos dos veces antes de hablar.

Lo que decimos y la manera en que lo decimos puede salvar o destruir una relación. La medida exacta para usar la queja a nuestro favor es identificar lo que hay detrás de ella, porque ahí radica nuestro espacio para la mejora y el crecimiento. Sin embargo, adentrarnos en un mundo donde la queja y los reproches son nuestro lenguaje de pareja más usado, a la corta o a la larga termina por desgastar el vínculo y asfixiando la relación.

Es importante abandonar a tiempo este patrón quejoso e identificar cuál es la necesidad de fondo para arribar a un planteo simple, directo y efectivo.

Cuando la queja suena a ese reclamo del tipo: *estoy insatisfecha, no estás cumpliendo con tus obligaciones, te reclamo porque no me alcanza, tu pareja, lejos de responder favorablemente, puede reaccionar con indiferencia, distancia o enojo.*

Si bien es cierto que en última instancia —la respuesta del otro— es su dominio y responsabilidad, vamos en busca de mejorar el vínculo y para eso las quejas y reproches dejan de ser buenos aliados. Sin duda, resulta más efectivo expresar tus desacuerdos o pedidos de manera positiva, confiada y amorosa. Haz la prueba y verás que el resultado es diferente.

Seguramente tienes algún familiar, vecina, amiga que todo el tiempo se queja, critica, desvaloriza. ¿Qué sentimientos te provoca? ¿Te invita a querer escucharla y entablar una conversación? ¿Qué emociones te despierta?

Si te has descubierto en el *modo queja*, aún estás a tiempo de abandonar ese patrón y aprender una forma más efectiva de comunicarte con tu pareja. Ten presente cada vez que quieras hablar, si lo que tienes para decir es con espíritu de construir o sólo de desarmar, hacer lío y generar malentendidos. Si es esto último, mejor y más sensato el silencio. Sólo hasta que encuentres la mejor manera de hablar.

 **Ahora te toca a ti:**

¿Cuáles de estas herramientas usas para construir una relación extraordinaria? ¿Qué funciona mejor para ti y tu pareja?

¿Qué has aprendido en este capítulo que aporte a tu relación valor y sentido?

 **DECRETOS**

Yo soy amor.

Te amo sin decirlo.

Te amo con gestos y detalles.

Abandono los juicios que nos condenan.

Te escucho con el corazón.

Te abrazo y nos libero.

Me perdono y te perdono.

Suelto lo que no es para construir.

Gozamos la vida juntos.

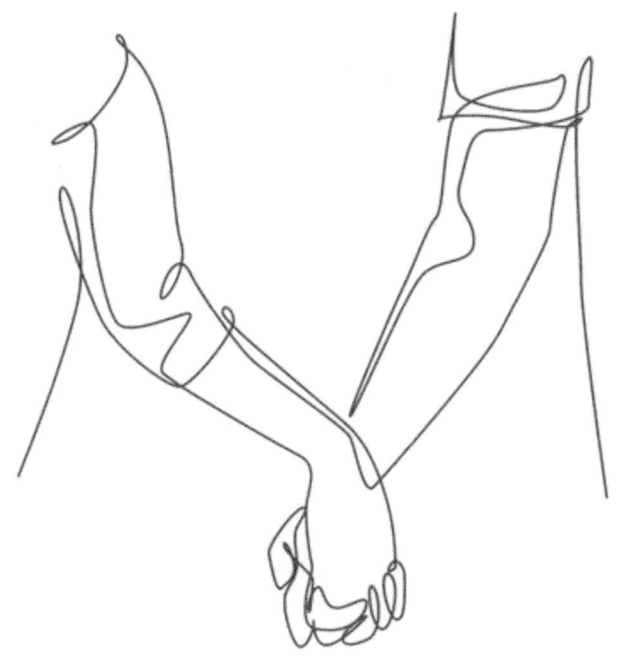

Capítulo 12. Soy, sos, somos amor: cuando la relación nos transforma

*Después de todo este tiempo, el Sol nunca
le dijo a la tierra "tú me debes".
Mira de lo que es capaz semejante amor:
ilumina todo el cielo.*
—Hafis—

Nadie puede volver atrás y lograr un nuevo comienzo, pero cualquiera puede empezar ahora y lograr un nuevo final.
—Anónimo—

Somos amor. El amor nos da vida; nos transforma. Somos pareja, nos amamos. Y para que esto suceda, resulta necesario cambiar el foco. Me sigo preguntando. Y sigo encontrando huecos en esto de entender el amor. Sin dudas, quiero volverme experta en amar de una mejor manera a las personas.

Sin duda, conectar con mi pareja exige aceptación, entendimiento y también la necesidad de aprender a acompañar su propia evolución y transformación. Nos transformamos de la mano del amor.

Probablemente hasta hoy te hiciste muchas preguntas. Eso es bueno. Siempre y cuando sean las adecuadas. Esas que te inviten a un mayor entendimiento, efectividad y goce en la relación.

Aquellas preguntas que te permitan encontrar respuestas más apropiadas para construir una relación extraordinaria.

¿Qué te ofrece la relación de pareja? Vs. ¿Qué le das a tu relación de pareja?

Siento que esta última pregunta, aunque más incómoda, va a llevarte a una relación más auténtica.

De ahora en más tómalo como una regla de oro, cambia el foco.

¿Cuánta energía pones a diario en hacer crecer, de manera saludable, el vínculo amoroso con tu pareja?

O aún sigues anotando en la libreta los pendientes que tienes. Lo que no te han dado. Lo que te toca recibir. Lo que necesitas recibir para considerar que la relación es satisfactoria.

Así aprendimos los de mi generación. Que tu hijo venga a llenar un vacío, que tu pareja te dé y complete, que cubra tu sensación de soledad y vacío. Que te ofrezca algo valioso.

Es cierto que todos merecemos dar y recibir, pero recuerda que la ecuación no es *recibir para dar*, decimos *dar para recibir*.

Piensa por un momento que tú y tu pareja se enfocan en recibir. Y dejan de dar: dejo de hablar hasta que él/ella venga a hablar, dejo de manifestar mi amor hasta que él/ella lo haga, espero recibir disculpas y hasta que no lleguen no voy a ofrecerlas. Te sostienes en que vas a dar cuando recibas. Y tu pareja se planta ahí también.

¿Quién va a dar? Si te enfocas en dar, confiadamente y por el principio de reciprocidad, vas a recibir.

¿Cómo empiezas a dar? Entendiendo que tienes que *dar sin esperar nada a cambio*. Dar sólo por dar. Y no des pensando en lo que quisieras recibir. Sino más bien, dar lo que sepas que tu pareja necesita, quiere recibir y merece.

Piensa en hacerle un regalo a tu pareja, ¿decides según tus gustos o los suyos?

Aun confiando que tienes buenas intenciones, si das lo que tú necesitas y no es lo que necesita el otro, esa acción es poco efectiva.

Este es un buen ejercicio sobre todo porque en mi experiencia personal, cuando hubo crisis en mi relación de pareja me encontré haciéndome las preguntas incorrectas, y sobre todo esperando recibir, y confiando en que yo le daba mucho a la relación y sin embargo no recibía lo suficiente.

Desde ese lugar tenía la plena certeza de que las cosas iban a cambiar si —cambiaba mi pareja, o si elegía a una nueva pareja—.

A tiempo logré hacer otros descubrimientos y cambiar mi experiencia de relación.

Entonces, si te das a ti misma lo que mereces y necesitas, y le das a tu pareja lo que merece y necesita, ¿qué puede salir mal?

En lugar de preguntarte si tienes la pareja que mereces, de ahora en adelante vas a preguntarte si eres la persona que merece tu pareja.

Cuando puedas afirmar con certeza que eres la persona que tu pareja merece, no necesitarás pedirle nada a tu pareja.

Cuando sientas que eres la mejor opción para tu pareja, observarás que tu pareja es tu mejor opción.

Recuerdo algo que escuché por ahí y quizás te sirva igual que a mí.

Has de cuenta por un momento que eres una cantante de una banda de música muy famosa. Por contrato, has asumido muchos compromisos, entre otros; has acordado subir al escenario cada día y dar lo mejor de ti en cada función. Te ha hecho famosa un disco que repites día tras día, melodía tras melodía, con el mismo entusiasmo, la misma pasión, la misma entrega y amor del primer día.

Quieres seguir siendo un éxito, estás apasionada con que la relación entre tú y tu público siga creciendo. Así es que das lo mejor que tienes y que eres. Lo das todo de ti, cada vez que subes al escenario.

¿Acaso puedes imaginarlo? Noche tras noche la misma rutina. Algunas veces pequeñas variantes, pero el repertorio es el mismo. No quieres fallar. No puedes aceptarlo. Vas con todo.

Imagina una noche, dos, diez, cien, mil doscientas cincuenta y cuatro.

Parece agotador de sólo imaginarlo, aunque lo amas, amas lo que haces, pero igual puede ser agotador muchas veces. Sin embargo, tienes un contrato, asumiste un compromiso.

¿Crees que el público te seguiría amando si un día solo tarareas porque estás cansada? Probablemente sí. ¿Y si lo haces una y otra y otra y otra vez, argumentando desgano, apatía, aburrimiento, desinterés? ¿Qué crees que pasaría con ese amor?

Lo mismo sucede con la relación con tu pareja. Es todos los días la misma rutina, el mismo escenario, el mismo público, el mismo repertorio. Lo amas y aunque estás cansada asumiste un compromiso y es tu responsabilidad hacer que funcione. Das lo mejor de ti, siempre.

Si a diario no haces tu esfuerzo y das lo mejor que tienes para dar, ¿crees que tu pareja te va a seguir amando? ¿Y cuánto tardarán en llegar los reclamos, el desgaste y la desconexión?

Acaso estés pensando que tu relación de pareja, y tu familia si así lo decidiste, no son un trabajo para ti.

En un punto tienes razón si estás considerando que de ninguna manera quieres ser la empleada —no asalariada— de los miembros de tu familia. Sin embargo, tu pareja y familia son tu mayor y mejor trabajo, empresa, proyecto, propósito y desafío —si así lo decidiste para tu vida—.

Además, entre nosotras y que nadie más se entere, *¿quién se resiste al amor?*

No hay ser humano que se niegue a recibir amor, sobre todo si es un amor acompañado de buenas intenciones.

Te estarás preguntando ¿y la reciprocidad cómo funciona bajo este esquema?

Si me uní a mi pareja es para recibir. Si estoy en pareja es para sentirme amada, aceptada, valorada, comprendida. Si doy todo eso, al menos quiero recibir lo mismo.

¿Acaso estás considerando esto? Bueno no funciona así, puedes dar y seguramente recibas y mucho de eso que mereces. Porque los buenos comportamientos siempre inspiran, pero hay un punto de la reciprocidad que es maravilloso y es el de la no exigencia.

No puedes exigir que tu pareja actúe de tal o cual manera, sólo puedes inspirar a tu par con tus comportamientos.

Porque cuando hablamos de las relaciones de pareja y la reciprocidad tenemos que entender que muchas veces puedes recibir cosas que no esperas y aun así son buenas y necesarias para tu crecimiento y evolución.

El buen amor no es nunca un intercambio de conveniencias.

Preguntarnos qué te doy y qué me das, no nos lleva al lugar correcto.

El buen amor me invita siempre a ver al otro y saber que ese otro me nutre, me sirve de espejo y ayuda a crecer.

En un amor así puedo entregarme sin perderme, puedo hacer elecciones conscientes sin sacrificarme, ni faltarme el respeto, ni perder mi ser en la pareja.

Desde un amor así puedo ser y dejar que mi pareja sea lo que puede, quiere y elige ser.

Recibir amor es una de las preciadas consecuencias de amar a los demás, pero la dicha verdadera viene de tener una actitud amorosa hacia los demás, sin importar lo que obtenemos a cambio.

¿Esperas que pasen cosas buenas en tu relación? Vs. ¿Haces que pasen cosas buenas en tu relación?

Y mira qué hacer y esperar son dos verbos que te llevan a pensamientos y acciones completamente diferentes, con resultados también diferentes.

Si confías en el compromiso que asumiste y te comprometes a que tu relación sea lo mejor, requieres acción, y mucha. Tienes que hacer que las cosas funcionen, debes lograr que cosas buenas sucedan para ti y tu pareja. Tal vez las oportunidades están siempre cerca, más de lo que incluso imaginas. Sólo hay que salir a buscarlas.

La actitud y el compromiso son claves para que te pasen cosas buenas, en la relación con tu par y en la vida misma. Aún en medio de las peores crisis puedes hacer que sucedan cosas buenas para ti y tu pareja.

Aún si sientes que ya no puedes ponerte de acuerdo, que el ego quiere ganar la discusión, que la distancia se ha hecho grande entre tú y tu pareja, siempre, siempre, siempre hay una chance más.

Déjame que te comparta lo que he vivido en uno de esos días en que todo termina en discusión y desacuerdo, ya habiendo perdido la paciencia y sintiendo que así no podíamos seguir y que no quería estar un día más con mi pareja —y me había convencido de eso—.

Subí a la habitación y encontré a mi esposo haciendo silencio, como un primer intento de traer paz.

Más tarde cuando le pregunté por esa noche me contó su versión: *«Hice silencio porque sentí que era lo mejor en ese momento. Entendí que yo tenía mis razones para estar enojado, pero que llega un punto en el que las razones no sirven de nada en momentos como este. Cuando eso ocurre, cuando damos una mínima posibilidad a lo divino que traemos dentro nuestro, esta divinidad empieza a hablar tan amablemente que los gritos que vienen de afuera ya no se escuchan. Así que lo mejor era hacer silencio. Y vi que hacer silencio fue contagioso. Hiciste silencio, pero vi que aun estabas enojada.*

Pude sentir que tu cuerpo vibraba al ritmo de la ira y el rechazo. Sentí que lo oportuno para un cuerpo tenso era la relajación. Y todos sabemos que el sexo nos relaja. Pero no era por allí por dónde empezar. Tenía que ayudar a relajar tu cuerpo.

Entonces, recordé que, en mis mayores momentos de tensión, había recurrido durante muchos años a una práctica que no era habitual para mi pareja: los masajes corporales. Te propuse abiertamente darte un masaje y te comuniqué abiertamente el propósito de bajar la tensión.

Tu primera respuesta fue negativa, pero ante mi insistencia y mi confianza accediste. El masaje se inició. Y se prolongó.

Recuerdo que minutos antes estabas encendida en ira, y ahora sentías como mis manos te transmitían mi deseo de paz a través de su cuerpo. Empezaste a relajarte; tu respiración y su ritmo cardíaco bajaron. Tu cuerpo se entregaba cada vez más a recibir lo que tu mente rechazaba momentos antes.

Esa noche elegiste, tomaste la decisión con tu alma, la decisión de recibir. Dejaste de batallar. Olvidaste todos tus pensamientos, tus razones y tus argumentos.

Aquella noche, cuyas decisiones podrían haber puesto a nuestra pareja en lo que parecía un lugar de no retorno, marcó un cambio en nuestra relación.

De aquella noche, recordamos cómo nuestros cuerpos se entregaron el uno al otro, y se dieron el amor que necesitaban.

Desde aquella noche nuestros encuentros de conexión, de explorar nuestros cuerpos, de transmitirles amor a través de nuestras manos, se hicieron no solo un maravilloso hito, sino un amoroso hábito».

Aún en los momentos de mayor desconcierto, desesperación y desconexión, es posible hacer que cosas buenas sucedan. Y entonces, vas a tener que dejar de lado el ego y conectar con tu parte más esencial y divina. Desde ahí van a venir las respuestas. Una y otra vez, hasta que te hagas experta.

¿Crees que es posible de ahora en adelante trabajar con firmeza y determinación para que tu amor y compromiso de pareja crezcan?

¿Amas a tu pareja como sabes amar? Vs. ¿Amas a tu pareja como merece ser amada?

Existen diferentes maneras de expresar el amor y de esto se ocupa Gary Chapman en su libro sobre los lenguajes del amor.

Estos lenguajes responden preguntas del tipo: ¿Por qué doy amor a mi pareja y me dice que no le alcanza? ¿Cómo es que mi pareja me dice te amo, pero no lo demuestra con actos y por eso sus palabras no me alientan? ¿Cómo es posible amar tan diferente?

Voy a contarte cuáles son los cinco lenguajes, para que comprendas si estás manifestando tu amor como tu pareja lo necesita y como un modo de lograr mayor entendimiento mutuo.

El *contacto físico* es un lenguaje mediante el que expresamos nuestro amor y precisamente tiene que ver con todo lo que nos conecta físicamente con el par —besos, abrazos, caricias, intimidad sexual—.

Las *palabras de afirmación* tienen que ver con dar amor a través de elogios, palabras de afecto, expresiones de admiración.

Otro lenguaje es el de los *regalos* —que son generalmente detalles, presentes materiales o experiencias— ampliamente valoradas por quienes hablan este lenguaje como primario.

Para muchas parejas el *tiempo de calidad* es el principal lenguaje y se manifiesta por el gusto de pasar tiempo con la persona amada, como la primera elección de cada día.

Y un último lenguaje de amor es el de los *actos de servicio*, donde las personas valoramos positivamente los actos o tareas que hace el par como forma de expresión de amor.

Puede suceder que tú y tu pareja entiendan el amor en un lenguaje diferente.

Si logras identificar cuál es tu lenguaje primario, podrás decirle a tu pareja, qué es lo que más valoras. Asimismo, si descubres el lenguaje de amor que habla tu pareja, podrás encontrar una manera más efectiva de amarlo.

Aún si tu pareja manifiesta algún reclamo en forma de queja o insatisfacción, puedes usar esa información a tu favor y descubrir qué lenguaje del amor habla.

Así, por ejemplo, si a menudo te reclama poca intimidad —sabrás que el *contacto físico* es una prioridad para él—.

Si te manifiesta que pasan poco tiempo juntos o que te extraña —su lenguaje primario es el *tiempo de calidad*—.

Lo mismo ocurre cuando descubres que valora positivamente cuando preparas la cena, lo ayudas con alguna tarea de la oficina o compras la camisa que estaba necesitando. Esas tareas definen su idioma como *actos de servicio*.

Identificar cómo tu pareja se siente amada, puede ser otra gran clave para que fortalezcas el vínculo y forjes una relación extraordinaria.

Y recordar que somos diferentes y que comprender la raíz de estas diferencias —que por momentos nos resultan atractivas y por momentos limitantes— es fundamental para crear una relación de pareja extraordinaria.

¿Recibes migajas? Vs. ¿Das migajas?

Sólo si te conformas con recibir menos de lo que mereces, es porque antes aceptaste dar menos de lo que el otro merece. Probablemente hiciste una especie de pacto, y como eres consciente de que no estás dando más que tus propias migajas, te has resignado a recibir las migajas de tu pareja.

Aprendiste a dar migajas, eso que te sobra y que a nadie le alcanza, ni a ti misma.

Es un amor a cuentagotas. Si llega la noche y compartes con tu pareja ese resto de energía que te queda al final del día —luego de muchas actividades de relleno—.

Si haces planes de trabajo, con hijos, amistades, familia amplia, y tu pareja queda excluida de los mismos.

Si dejas los viajes, el cine, las salidas, los regalos, la diversión en pareja como la última cosa en tu presupuesto.

Si siempre encuentras la excusa perfecta para priorizar a cualquier tercero que no sea tu par.

Si no consideras a tu pareja como tu mejor socio.

Si te distancias, abandonas el diálogo, y debilitas la intimidad.

Estás dando migajas.

Estás dando las sobras.

Y, por lo tanto, recibirás migajas.

Sé una inconformista, mereces una relación plena y abundante.

Tienes que dar eso. Amor en abundancia.

Tienes que dejar de buscar. Tienes que convertirte en eso que quieres recibir.

Si tan sólo te grabas a fuego esta regla, tu vida será diferente y tu relación de pareja extraordinaria: sé *tú la persona que quisieras tener a tu lado.*

¿Esto habla de mi pareja? Vs. ¿Esto habla de mí?

Seguramente escuchaste la frase que dice: «*Lo que dice Juan de Pedro habla más de Juan que de Pedro*».

¿Cómo es posible? Porque siempre tu pareja es tu mejor espejo. Ese que elegiste a la medida de tus necesidades y que está en tu vida para mostrarte aquellas partes de ti que no puedes ver o no sabes mirar.

Por eso cada vez que te encuentres señalando algo que ves en tu pareja, recuerda que seguramente es un aspecto que primero necesitas trabajar en ti.

Generalmente las personas tenemos algunos patrones aprendidos a la hora de resolver los conflictos. Y tendemos a poner culpas afuera. Y seguramente la mayoría de las veces tu pareja resulta ser tu favorito si de culpables hablamos.

Esto es, en lugar de revisar *qué me sucede a mí*, pensamos de inmediato todo sucede por mi pareja hasta el punto de creer que estamos con la persona incorrecta, que nos fue mal eligiendo.

Muchas parejas terminan separándose a partir de la creencia de que con otro sería distinto, más fácil, más simple, más entretenido, mejor.

Vaya sorpresa en la mayoría de los casos, el de haberme encontrado con personas que pasan por tres o cuatro relaciones y con todas identifican las mismas situaciones como trabas e impedimentos para seguir avanzando.

¿Y si en lugar de querer cambiar el espejo, utilizas este que tienes a mano y cambias esos aspectos incómodos que ves en ti?

¿Es tu culpa? Vs. ¿Es mi responsabilidad?

Cargarle la culpa al otro no soluciona nada. Sobre todo, porque no nos invita a tomar responsabilidad sobre lo que estamos creando, y limita nuestras posibilidades de acción y de cambio. Cuando el otro tiene la culpa, dejo de tener posibilidad de movimiento.

Sincerar posiciones y entender que las dificultades que atravesamos son producto de algo que ambos no estamos haciendo bien, es mucho más sincero y asertivo.

Cuando le *paso la pelota a mi pareja*, y lo encuentro *culpable*, la resolución del conflicto se torna un verdadero problema, porque me quito la responsabilidad de solución y por lo tanto la posibilidad de seguir creciendo.

La pregunta correcta sin dudas es ¿qué responsabilidad tengo yo en este asunto?

Cuando yo asumo cualquier situación desde esa pregunta, me paro desde un lugar de poder. Esto es, si la realidad que vivo es obra de mi creación —es mi responsabilidad— y no me satisface, puedo cambiarla. Si mi realidad es obra de otra persona —que tiene la culpa— no tengo lugar de movimiento para hacer cambios.

¿Pareja: pesadilla? Vs. ¿Pareja: bendición?

¿Escuchaste la frase *«Ámame cuando menos lo merezco porque es cuando más lo necesito»*

Amar en las buenas, cuanto tienes una pareja que satisface tus necesidades, que es amable, cariñoso, buen padre, tiene poco de meritorio. Cualquiera lo puede hacer.

Cuando se complica un poco, es cuando tu pareja empieza a mostrarte algunas de sus sombras y deja desordenada su ropa, olvida lo que conversaron la semana anterior, no recuerda las fechas importantes, está de mal humor cuando no le salen los negocios y carga con heridas de su pasado.

Es en esos momentos donde hay que redoblar la apuesta y ejercer la voluntad en el amor, para elegir quedarnos con lo bueno, apreciar las luces y también las sombras que tanto me hablan del par y de mí misma.

 **Ahora te toca a ti:**

¿Puedes mencionar un acto de amor hacia tu pareja que hayas realizado durante la última semana? ¿Cómo te hizo sentir? ¿Cómo se sintió tu pareja?

DECRETOS

Nuevos decretos para mi vida. Escribe tus nuevos decretos, esos que resuenen contigo, en tu mente y corazón.

Capítulo 13. Amo viajar juntos: el viaje de la vida

*Tu pareja no está en tu vida para hacerte feliz,
está ahí para hacerte crecer y evolucionar.
Si crecer te hace feliz, entonces ya estás
en una relación extraordinaria.*
—Anónimo—

*El ego dice: una vez que todo esté
en su lugar encontraré la paz.
El espíritu dice: encuentra la paz y entonces
todo estará en su lugar.*
—Marianne Williamson—

*El verdadero viaje del descubrimiento no consiste en explorar
nuevos territorios sino en explorar con nuevos ojos.*
—Anónimo—

La vida es un viaje apasionante; mientras hacemos el trayecto, nos transformamos.

Y en ese camino de transformación y evolución personal, vamos siendo uno en interacción con otros. Elijamos o no una vida en pareja, somos individuos en relación. Nuestra vida está determinada por las relaciones y como leíste hace un momento, la calidad de nuestra vida está determinada por la calidad de las relaciones que construimos. Tu principal desafío de ahora en adelante, en enfocarte en construir relaciones elevadas, profundas, consistentes, amorosas.

Continuar este viaje que has comenzado hace tiempo, es una invitación que debes aceptar teniendo en claro algunos aspectos que necesitas tener presente —*si quieres viajar con consciencia y dirección, para llegar a destino*—.

Bendice tu historia de pareja

Integrar la historia de relación a nuestro presente es un excelente punto de partida para este viaje desafiante y sorprendente de ser una pareja extraordinaria.

Bendecir incluso los momentos de desencuentro y desconexión, mirar los errores desde lo aprendido, recuperar las experiencias dolorosas y todo lo bueno que ha tenido cada momento compartido, es una decisión que necesitas tomar para evitar volver al pasado con una mirada crítica y limitante.

Bendecir tu historia, en lugar de hablar mal de ella, va a permitir ubicarte en otra sintonía. Erraste, renunciaste, te equivocaste, acertaste, creaste, te limitaste, construiste, avanzaste y retrocediste, amaste, perdonaste y sanaste. Bendecirla para honrarla y mirarla con amor y gratitud.

Enamórate a diario de tu pareja

¿Es posible volver a enamorarse de la misma persona? ¿Cuántas veces? ¿Cómo lograrlo? El punto de partida es anclarse al presente, con los pies sobre la tierra aceptando la versión actual de la pareja y darse desde ahí espacio para crecer. Si descubriste que tu relación es un sistema obsoleto, lo que necesitas es cambiar de patrones a la hora de relacionarte, no es necesario cambiar de pareja.

Si no aprendes esto, vas a saltar de relación en relación y probablemente nunca lo aprendas.

Hay una excusa que muchas parejas dicen y yo también la he usado. Es que ya no siento amor por mi pareja. Creo que se terminó el amor entre nosotros.

Y en este punto no se trata del sentir. El secreto no está en lo que sientes. Está en lo que decides. Está en lo que haces. Está en la voluntad que pones para amar. Y si no sabes cómo hacerlo, practica una y otra vez hasta que te salga.

Ama hasta que aprendas a hacerlo de manera extraordinaria. Respeta hasta que te salga mejor. Confía hasta que lo logres. Sé paciente hasta que nada ni nadie pueda afectar tu paz.

Amar es un acto de generosidad extraordinaria. Es lo que haces a diario para nutrir el sentimiento del amor, pero con inteligencia, determinación y voluntad.

¿Suena poco romántico? Y sí, definitivamente. Sacar el romanticismo mediático, alejar el drama, dejarnos de suspenso, entender la comedia y pasar a la acción.

Así, empecé a amar a mi pareja cuando decidí saludarlo con un abrazo cada mañana. A comprenderlo cuando me senté a escuchar con el corazón cómo había sido su día en la oficina.

Comencé a admirar a mi pareja cuando decidí mirar con cariño y elogiar una acción nueva cada día. A intimar cuando decidí regalarme un espacio de conexión y tiempo especial cada noche.

Empecé a confiar en mi pareja cuando decidí abrirme a hablar con el corazón, a evitar los juicios y a entender que cuando nos despojamos del ego, nos hacemos bien o mucho bien. A amarla, cuando tomé acción diaria, consciente, dirigida, intencional, amorosa.

Comencé a amar a mi pareja cuando por fin pude admitir que en la convivencia se vale también, tener días malos, sentirnos cansados o con poca energía, cometer errores, encontrar caminos alternativos, a llorar cuando no le encontramos la vuelta a algún problema, ser imperfectos, equivocarnos.

Antes de eso, no sabía más que de sentimiento. Ahora sé de un amor inteligente, donde me permito combinar *sentimiento + voluntad*.

Nutre la confianza

Construir un proyecto de vida es común tiene en sus bases, *nutrir la confianza*, en uno mismo —volvernos confiables— y en la pareja —aprender a confiar—.

Lo primero es la confianza en uno mismo. Como siempre, el amor propio va a promover el respeto a mi pareja. Si me amo bien voy a amar bien.

Si me respeto como merezco voy a respetar a mi pareja como se merece. Esa es la medida.

Cuando me comunico con sinceridad y franqueza, y obro en consecuencia, el respeto y la empatía —no hacer al otro lo que no quisiera que me haga— sostiene la confianza.

Hay, sin embargo, al menos tres detractores de la confianza y son: los *celos* —basados en la inseguridad de quién los sufre—, los *miedos* —apoyados en la necesidad de control— y la *inseguridad* —derivada de una baja autoestima—.

No hay en el universo una pareja igual a la otra, pero en toda relación, *la comunicación* —saludable o no— va a marcar la diferencia.

Confianza no es saber todo lo que mi pareja hace, es no necesitar saberlo, en una relación de pareja extraordinaria es mucho más que *no tener miedo de que te engañen*. Es saber que el otro no nos miente; estar segura de que tu pareja estará ahí cuando la necesites; creer que al otro como a mí, le importa la relación y por lo tanto no hará nada que la ponga en peligro.

Sin confianza no hay vínculo saludable; mentir no va a evitar un disgusto a tu cónyuge. Actuar con sinceridad es primordial.

Cuando vives en confianza con la persona amada, te sabes y lo sabes humano y errático y, sin embargo, expresas libremente tus ideas, temores, debilidades sabiendo que tu par no va a servirse de ellas cuando le convenga.

Hay un punto de la relación en que dar confianza es también *perdonar*. Porque en este camino de amar y aceptar al otro es darle también la posibilidad de que se equivoque, repare, evolucione, cambie.

En una relación de pareja extraordinaria, la confianza se sostiene sobre la base de dos individuos que se aceptan, aceptan al otro y se invitan mutuamente a comprometerse en una relación de amor, compromiso y respeto.

Aplica la regla de las 3R's

¿Y cuál es esa regla? *¡Respeto a ti misma!* Conoces tus necesidades, gustos, motivaciones, límites, posibilidades: ¡R e s p é t a l a s!

Respeto a tu pareja —sigue esta regla de oro que nunca falla: no hagas a tu pareja lo que no te gustaría que tu pareja te haga. ¡O trata a tu pareja como te gustaría ser tratada— ¡R e s p é t a l a!

Responsabilidad de todas tus acciones — entendiendo que tu accionar no está sujeto al de tu pareja, y que tus ritmos de transformación personal no necesariamente van a coincidir con los de tu pareja—. ¡R e s p o n s a b i l í z a t e!

Ve por tus sueños, apoya los de tu par, y sueñen juntos. En una relación de pareja extraordinaria, *el compromiso —*fortalecer el vínculo*—, la intimidad—* conexión emocionalmente profunda y sexualidad— y *la pasión —*deseo, erotismo, unión sexual— van de la mano de los *sueños* y la capacidad que tengamos de apoyarnos mutuamente en ir a por ellos.

No se trata de postergarlos por un otro o por la relación. La relación se nutre cuando soñamos, tenemos proyectos y asumimos nuevos desafíos siempre.

La relación se fortalece cuando apoyamos los proyectos individuales de cada uno de los miembros nuestra pareja, proyectos que siempre redundan en abundancia para el par y la familia.

La relación gana salud cuando nos atrevemos a soñar en grande, cuando nos animamos a tomar riesgos, a confiar en nuestras capacidades, a trabajar en equipo, a sacar el mejor provecho de nuestros diferentes dones y talentos.

La relación se torna extraordinaria, cuando trazamos un mapa de ruta para alcanzar nuestros objetivos y metas, y así aterrizamos todo lo que queremos construir.

Ya sea que se trate de formar una familia, viajar, gestar algún emprendimiento juntos, compartir un hobby, materializar proyectos es sin dudas una gran motivación individual y compartida.

Y no siempre nuestros sueños van a coincidir, no siempre vamos a querer ir por los mismos proyectos.

Lo importante aquí es nuevamente la comunicación, en el hecho de sincerarnos, dialogar, acercar nuestros puntos de vista y lograr acuerdos. Teniendo en claro que algunas veces habrá que ceder o posponer, sin que eso signifique renunciar a nuestros sueños.

No hay una medida que defina cuánto tienen que coincidir nuestros proyectos personales para tener una relación de pareja. Sin embargo, es importante en esto de trabajar como equipo, atender cuidadosamente a la armonía de los planes en común.

Desde este marco de respeto, es fundamental que la pareja sea un lugar de crecimiento y expansión personal de los dos.

Sé la medida de amor que quieres ver en el mundo —Ama sin esperar nada a cambio—

Y si quieres ver mucho amor, sé todo el amor que puedas, da todo el amor del que seas capaz. Habrás escuchado esto una y mil veces: sé más, crea más, comparte más, da más.

Tal vez como dice García Márquez valga la alegría considerar este recurso y tenerlo más presente: *«si supiera que estos son los últimos minutos que te veo diría te quiero y no asumiría, tontamente, que ya lo sabes»*.

Si das mucho es porque eres mucho.

Si das mucho amor es porque eso es lo que eres y tienes para dar.

Imagina por un momento que vas caminando con una taza de café en la mano. De pronto tropiezas, pierdes el equilibrio y se derrama todo el líquido de la taza. ¿Qué derramaste: ¿agua, leche? Derramaste café porque eso es lo que había en tu vaso. Del mismo modo, cada uno de nuestros actos da cuenta de lo que llevamos en nuestro interior.

Si das mucho es porque eres mucho y eso es lo que tienes para dar. Y, aunque no recibas lo mismo, vas a seguir amando, porque está en tu naturaleza: eso es lo que tienes y eres.

Cuando ames a los demás sin necesitar que te amen, sin que lo necesites te amarán. Nadie puede resistirse a tamaña muestra de amor.

Si estás buscando a la persona que cambiará tu vida y tu relación, échale una mirada a tu espejo. Sé tú la persona que quisieras tener a tu lado, porque como dice Eduardo Galeano: «*al fin y al cabo, somos lo que hacemos para cambiar lo que somos*».

Te define la acción en este camino de transformación que es la vida.

Eres cien por ciento responsable de la relación de pareja que tienes. No va más hablar del *cincuenta y cincuenta*. Eso funciona en los negocios tal vez.

Pero no en las relaciones de pareja. En una pareja cada uno es responsable en un 100% porque cada uno está en la pareja para dar lo mejor de sí mismo.

Sin dudas, estar en pareja y construir a diario una relación con mejor salud es un desafío que he aceptado de manera personal y que me ha ayudado a conocerme y a ser una mejor persona.

Sentir que te transformas al lado de la persona que has elegido para compartir la vida, no tiene precio. O como dice mi esposo, si tiene precio y el precio es bien alto: hay que dejar el ego de lado y aceptar que en este barco nos salvamos o nos hundimos juntos.

Tu relación de pareja se va a volver extraordinaria cuando entiendas que tienes que elevar tu compromiso y esfuerzo al 100%. No aterrizaste en una relación perfecta, completa y saludable.

Tienes el desafío de crearla.

Yo sé que puedes, porque cada vez que miro mi imperfecta historia de relación, llego a la misma conclusión: si yo lo estoy lograrlo, si estoy forjando una relación como merezco, tú también puedes hacerlo —siempre que quieras y vayas por ello—.

Deja las excusas que te distraen

Piensa en todo lo que has justificado por excusas; lo que has pospuesto por excusas; piensa en todo lo que has abandonado por excusas.

Excusas de todo tipo, tamaño y color: no puedo, no sé, no tengo dinero, no soy suficiente, no me dejan, no es el momento, nunca me enseñaron, es complicado, es difícil, no nací para esto, mejor pasar la página.

¿Hasta cuándo las excusas? Algún día te vas a quedar sin excusas que inventar.

Y en ese momento vas a comprender que las excusas te pusieron en un lugar incómodo.

Las excusas te quitaron poder —te convencieron de que son más fuertes las circunstancias que tú misma y tu poder de cambiar las cosas—.

Las excusas te estancaron.

Las excusas te alejaron de tu abundancia y merecimiento.

Las excusas te hicieron alejar de tu propia búsqueda de la felicidad.

¿Qué relación tendrías si no pusieras tantas excusas?

¿Qué estarías haciendo si no tuvieras tantas excusas?

¿De qué intentas protegerte cuando pones excusas para hacer algo?

Basta de excusas.

Ya fueron suficientes.

Y pregúntate una vez más —o las veces que necesites—

¿Quieres una relación de pareja extraordinaria?

¿Es eso verdad?

Entonces ve por ella.

Hazte cargo y créala.

Déjate de excusas.

Ha de llevar mucha dedicación y compromiso de tu parte, pero cuando entres en ritmo y con intensidad, va a ser más simple de lo que crees.

Vas a tener que vencer tus propios demonios y confiar en tus capacidades.

No estás sola.

Ya existe una comunidad de personas que al igual que tú, aceptaron el desafío de decretar relaciones extraordinarias.

Han asumido el compromiso.

Creen en los milagros y así crean los milagros.

Y cada día con el siguiente lema:

> **Pregúntate si lo que estás haciendo hoy, te acerca al lugar donde quieres estar mañana.**
> —Walt Disney—

 **Ahora te toca a ti:**

¿Qué aprendizaje te llevas con esta tercera parte del libro?

¿Qué compromisos asumes para transformar tu relación día a día?

A continuación, encontrarás el «*Credo de amor para una pareja extraordinaria*». Tenlo a mano. Léelo a diario. Ora/reza/medita/manifiesta tu intención en pareja y crea una relación extraordinaria.

<u>CREDO DE AMOR PARA UNA PAREJA EXTRAORDINARIA</u>

Creo que amor se nace y se hace.

Creo que nuestra naturaleza divina es el amor.

Creo que el amor se siente, se piensa y se practica.

Creo que fuimos creados para amar de muchas maneras.

Creo que la gratitud es nuestro mejor lenguaje de amor.

Creo en el amor de pareja.

Creo que amamos como somos.

Creo que somos abundancia y podemos crear una relación abundante.

Creo que juntos aprendemos, crecemos, sanamos, evolucionamos.

Creo que el amor —como la naturaleza— tiene ciclos y estaciones.

Creo en nuestro poder para transformar el dolor en amor.

Creo en mí, creo en vos, creo en nosotros.

Compartiendo bendiciones

De la cuna a la tumba es una escuela: por eso lo que hoy llamas problemas son lecciones.
—Facundo Cabral—

La gota de agua perfora la roca por su constancia, no por su fuerza.
—Anónimo—

Como me enseñó uno de mis mentores Lain García Calvo, *«fuimos bendecidos para bendecir»* —principio que tomó de la Biblia y que desarrolló en la Saga de La voz de tu alma.

¿Qué vas a hacer ahora con esto que sabes? ¿Cómo vas a trasformar tu relación? ¿Este libro va a ser uno más de los que has leído? ¿Temes fallar si haces cambios para lograr un vínculo extraordinario con tu pareja? ¿Qué es peor, fallar o no intentarlo nunca? Si no es ahora, ¿entonces cuándo? ¿Cuándo fue la última vez que te sumergiste en la oscuridad con la única luz de una idea que creías firmemente? ¿Crees que puedes inspirar a otros con tu nueva relación?

Quizás sientas que encuentras un lugar en esto de salvar vidas, ayudando a otros a salvar sus relaciones.

Y quiero compartirte una historia:

«Había un agricultor que cultivaba maíz de excelente calidad. Todos los años ganaba el premio al mejor maíz cultivado. Un año, un periodista lo entrevistó y aprendió algo interesante sobre cómo lo cultivaba. El reportero descubrió que el agricultor compartía su semilla de maíz con sus vecinos.

¿Cómo puede permitirse compartir su mejor semilla de maíz con sus vecinos cuando compiten con el maíz cada año?, preguntó el reportero.

¿Por qué señor?, dijo el granjero, ¿no lo sabía?

El viento recoge el polen del maíz en maduración y lo hace girar de un campo a otro. Si mis vecinos cultivan maíz inferior, la polinización cruzada degradará constantemente la calidad de mi maíz. Si voy a cultivar un buen maíz, debo ayudar a mis vecinos a cultivar buen maíz».

Lo mismo ocurre con nuestras vidas.

Si quieres vivir bien y tener relaciones de calidad, merece la alegría que ayudes a otros a enriquecer sus vidas, porque el valor de una vida tarde o temprano se mide por las vidas que toca y más temprano que tarde, la buena vida de tu vecino/amigo/familiar, impactará positivamente en la tuya.

Tanto es así que el bienestar y la felicidad de cada individuo, está ligado al bienestar de todos.

Has de tu relación de pareja, una relación extraordinaria, no te distraigas. Inspira a otros con tu transformación y comparte lo que has aprendido recomendando este libro si lo has encontrado útil.

Puedes ser fuente de inspiración para muchas parejas que aún no han leído este libro, y que ni siquiera imaginan que pueden transformar su relación de pareja, sin cambiar de pareja.

Y, por último, permíteme llegar a más personas, para que juntas transformemos el mundo de las relaciones.

Aparta unos minutos de tu tiempo y comparte —como el granjero— tu mejor semilla.

¿Cómo lo haces?

En tres pasos:
1. **Hazte una foto con este libro.**
2. **Escribe tu experiencia y cómo te ha ayudado en tu relación de pareja.**
3. **Envíamela a** mileimwinkelried@gmail.com

Me encantará leerte y saber que has mejorado tu vida.

¡Gracias, Gracias, Gracias!

ACERCA DE LA AUTORA

Milena Imwinkelried nació el 27 de noviembre de 1972, en San Jerónimo Norte, Provincia de Santa Fe, Argentina.
Es profesora en Ciencias de la Educación y a lo largo de su carrera profesional como Asesora Pedagógica se ha especializado en relaciones y vínculos afectivos.
Es Facilitadora Certificada del Método Paternidad Efectiva y ha profundizado el estudio de las relaciones de pareja bajo la premisa de enriquecer su propia relación y de ayudar a las personas a crear hogares felices.

Casada desde hace 27 años y madre de cuatro hijos, ha trabajado arduamente para transformar las principales relaciones de su vida: consigo misma, con sus hijos y con su pareja.
Su propósito es ayudar a las personas a construir vínculos saludables y prósperos, creando la vida que desean.

En *Decretos de Amor Para una Pareja Extraordinaria* —la primera entrega de una trilogía— reflexiona sobre las principales características de las relaciones de pareja, los nuevos términos del amor, el compromiso y la salud de las relaciones extraordinarias. Entiende que hoy en día el verdadero lujo, es construir una relación extraordinaria con la pareja elegida y generar una vida de calidad igualmente extraordinaria para toda la familia. Particularmente, nos introduce en un principio fundamental para la sociedad actual: *«Si queremos un mundo mejor, transformar las relaciones necesita ser nuestra responsabilidad, prioridad y principal desafío».*

www.milenaimwinkelried.com

 mile.imwinkelried

 milena_imwinkelried

 mileimwinkelried@gmail.com